社長!! 会社の数字が読めなけりゃおしまいや！

山下　勝弘　著

セルバ出版

は　し　が　き

　経営分析に関する書籍は、ほんとうにたくさん出版されています。どの書籍もすばらしい内容ですが、問題の多くは、それを利用する側の読み取り方・活かし方にあるのではないかと思います。

　「経営分析の数値は、どれくらいが適当なのでしょうか」と筆者に質問される社長さんが結構おられます。

　平均的な数値については、本文の中で触れますが、たとえ経営分析の数字が同じであっても、人の顔がみんな違うように、その実態は各会社ごとにまったく内容が異なることに留意する必要があります。一概に、「この数字なら大丈夫」と断言できないのです。

　経営分析というのは、あくまで経営を改善するために参考とすべき数値でしかありません。その数値をみただけで、その会社の問題点や解決策が発見できるという考えは、大きな間違いです。

　論語に「学而不思則罔、思而不学則殆」（学びて思わざれば則ち罔（くら）し、思いて学ばざれば則ち殆（あやう）し）という言葉があります。これは「学習するだけで自分で考えることがないと、その内容を理解することができない。また自分の狭い考えだけで、学ばなければ独断に陥って危険である」という意味です。

　経営分析には、まさにこの言葉がぴったりあてはまります。いくら経営分析の数値をみても、それをもとに自分で考えることがなければ、何もわからないのです。また、経営分析の数値をみて、それがどういう意味をもつのかを研究しないことには、十分に理解することができません。

　経営分析を、ほんとうに経営に役立てようとするなら、まず、経営分析の仕方をマスターすることが必要です。そして、経営分析で算出した数値を、自分で考えて読みこなすことが求められるのです。

　そこで本書は、経営分析というのは、それぞれの会社で使い方を考え、計算した数値について読みこなして、問題解決に活かすことが肝要であるという観点から、経営分析に関する基本的なことはもちろん、単に経営数値のみの説明に留めず、会社経営との関わりにも触れながらまとめています。

　さらに本書では、実務的な経営分析を実践するために、最近倒産したオメガ工業の決算書をもとに、オメガ工業の概要、倒産に至った経緯、社長がとった対応策などをありのままに取り上げ、どこに問題があったのか、どうすればよかったのかについて、TKCの経営指標による経営分析の計算式を使って経営分析をしながら解説しています。

　なお、オメガ工業は、実在した会社ですが、本書に出てくるオメガ工業は仮

称であり、もし同名の会社があったとしても、まったく無関係であることをお断りしておきます。

本書は、次の構成で、会社数字の読みこなしのコツと経営改善のヒントをまとめています。

1　オメガ工業が辿った倒産への道
2　経営分析の基礎データ「決算書」の知識
3　経営分析の分析項目・計算式・読み方
4　オメガ工業の経営分析・計算の実際
5　オメガ工業の経営状態を読み解く
6　オメガ工業の経営破綻原因と社長・幹部の役割
7　TKC「15業種別黒字企業の経営分析平均数値」一覧

本書が、社長あるいは経営幹部の方々に、自社の決算書を経営分析して、問題点を発見し改善していただいて、元気印の会社を築かれることに役立つことを心よりお祈りしたいと思います。

最後になりましたが、本書の出版は、オメガ工業及び㈱TKCに資料の公開をご了承いただいて可能となりました。また、セルバ出版の森忠順社長の叱咤激励があって、はじめて拙文が上梓という栄を得ることができました。

心より感謝申し上げます。

平成14年12月

山下　勝弘

社長!! 会社の数字が読めなけりゃおしまいや！ 目 次

はしがき

① オメガ工業が辿った倒産への道

 (1) オメガ工業の概要と倒産に至るまでの経緯 ……… 10
 (2) オメガ工業の決算推移と経営分析のポイント ……14
 (3) 経理にまで手が回らない！ ……………………… 19
 (4) 業績回復は神頼み？ ……………………………… 22
 (5) 社長の最終決断までの経緯 ……………………… 24

② 経営分析の基礎データ「決算書」の知識

 (1) 経営分析に不可欠な決算書 ……………………… 28
 (2) 経営分析の位置づけ ……………………………… 29
 (3) 経営分析の使い方 ………………………………… 31
 (4) 貸借対照表の意味と役割 ………………………… 33
 (5) 貸借対照表の資産・負債・資本の内容 ………… 35
 (6) 貸借対照表の見方・読み方 ……………………… 38
 (7) 損益計算書の意味と役割 ………………………… 43

目次1

- (8) 損益計算書の収益・費用の内訳 …………………… 45
- (9) 損益計算書の見方・読み方 …………………………… 50
- (10) キャッシュフロー計算書の意味と役割 ……………… 53
- (11) キャッシュフロー計算書の三つの資金の内訳 ……… 54
- (12) キャッシュフロー計算書の見方・読み方 ……………… 57

③ 経営分析の分析項目・計算式・読み方

- (1) 経営分析の項目と体系 ………………………………… 62
- (2) 会社の儲ける力を判定する「収益性分析」…………… 64
- (3) 「収益性分析」の計算式と使用上の注意点 ………… 67
- (4) ヒト・モノの貢献度を判定する「生産性分析」………… 72
- (5) 「生産性分析」の計算式と使用上の注意点 ………… 76
- (6) 支払能力を判定する「安全性分析」…………………… 78
- (7) 「安全性分析」の計算式と使用上の注意点 ………… 81
- (8) 返済できるかを判定する「債務償還能力分析」……… 83
- (9) 「債務償還能力分析」の計算式と使用上の注意点 … 85
- (10) 儲けの源泉を判定する「成長性分析」………………… 86

⑾ 「成長性分析」の計算式と使用上の注意点 ……… 88
⑿ 損益ゼロの売上高を判定する「損益分岐点分析」……… 89
⒀ 「損益分岐点分析」の計算式と使用上の注意点 ……… 93
⒁ 資金の流れを判定する「キャッシュフロー計算書分析」……… 95
⒂ 計算式の注解（補足資料）・利用上の注意点 ……… 97

④ オメガ工業の経営分析・計算の実際

(1) オメガ工業の収益性分析 ……… 100
(2) オメガ工業の生産性分析 ……… 108
(3) オメガ工業の安全性分析 ……… 115
(4) オメガ工業の債務償還能力分析 ……… 123
(5) オメガ工業の成長性分析 ……… 127
(6) オメガ工業の損益分岐点分析 ……… 130
(7) キャッシュフロー計算書のつくり方・読み方 ……… 135

⑤ オメガ工業の経営状態を読み解く

(1) オメガ工業の収益性－常に赤字 ……… 144

　（2）　オメガ工業の生産性－設備が活かされていない………152
　（3）　オメガ工業の安全性－投資が過大 ……………………156
　（4）　オメガ工業の債務償還能力－極めて悪い …………160
　（5）　オメガ工業の成長性－毎年マイナス成長 …………165
　（6）　オメガ工業の損益分岐点－高すぎる ………………168
　（7）　オメガ工業のキャッシュフロー－常に不足…………172

⑥ オメガ工業の経営破綻原因と社長・幹部の役割

　（1）　オメガ工業の倒産原因を整理してみると……………178
　（2）　会社を潰さないために社長がなすべきこと…………183
　（3）　元気印の会社づくりのために幹部がなすべきこと……187
　（4）　元気印の会社づくりのためにココロすべきこと………190

⑦ TKC「15業種別黒字企業の平均経営分析数値」一覧

　（1）　「収益性の分析数値」……………………………………194
　（2）　「生産性・安全性・債務償還能力・成長性・損益分岐点分析の分析数値」……200

結びにかえて

① オメガ工業が辿った倒産への道

　ここでは、筆者の顧問先であった「オメガ工業」（実在する会社ですが、平成14年3月に倒産しています。ここでは仮称にしています）という会社を紹介します。
　オメガ工業とその社長の経営判断などについて概略まとめ、オメガ工業のどこに問題があったのか、どうすればよかったのかを分析検討します。

 **オメガ工業の概要と倒産に至るまでの経緯**

♠オメガ工業の概要

　ここで紹介するオメガ工業（仮称です）という会社は、筆者が平成9年から平成14年に倒産するまでの間、税務・会計顧問をしていた会社です。同社の税務・会計の顧問になったのは、以前の顧問税理士さんが病死されたためです。

　オメガ工業は、中小企業で有名な東大阪で、ある機械の部品を製造し、完成品メーカーに部品を販売していた会社です。先代社長が昭和20年代に個人事業として創業し、昭和30年に法人成りして同じ種類の製品をつくり続けてきました。

　昭和57年に先代社長が亡くなった以後は、長男が社長として事業を継ぎました。この会社もバブル期を経験したのですが、バブル期にはあまり浮かれた話はありませんでした。バブルがはじけてから、この会社が開発した製品がブームとなり、急激に売上と利益を伸ばしたのです。

　ピーク時には、売上が16億円余りで、利益は1億円を超えることもありました。その当時は、従業員も100人近くいました。

♠平成6年頃から売上急減・赤字転落

　ピーク時にバカ売れしていた主力製品は、ブームが去り、最近ではほとんど売れなくなってきていました。また、主力以外の製品についても、中国から製品が入ってくるようになり、オメガ工業の販売価格では対抗できなくなっていきました。

　同社は、当初、「中国製品は品質的に問題がある」ということで、まったく無視していました。品質ではどこにも負けない製品という自信があったのです。ところが、あるとき気がついてみると、今まで納品してきた得意先メーカーに、中国製品が納入されるようになっていました。

　当然、中国製品は価格が安いので、価格面ではまったく対抗できません。それでも、品質にこだわる社長は、国内メーカーにしきりに販売攻勢をかけようとしましたが、肝心の得意先メーカーが国内生産をやめて、中国での生産に切り替えていきつつありました。そうした状況下でも、社長は、何とかして多く売り込もうという考えだったのです。

　得意先メーカーが中国へ行ったのなら、中国で販売することを考えればいいように思います。しかし、国内で販売することばかりを考えている社長は、中国へ進出して得意先メーカーに引き続き納品するような、頭の切替えができま

せんでした。

　仮に中国に進出しても、完成品メーカーもすでに中国の部品メーカーから部品の納入を受けていますので、オメガ工業の部品を仕入れるという保証はなかったかもしれません。

　そんなわけで、平成6年頃から売上が急激にダウンして利益は赤字に転落し、以後も売上ダウン、赤字続きとなっていったのです。

♠「銀行から借りればいい」という考えが通用しなくなった

　急激に売上が減少すると、従来の設備投資を銀行借入金で賄ってきた同社には、借入金の返済が大きな負担になってきます。返済が苦しいから、借入れはしないでおけるかというとそうではなく、かえって借入金を増やさなければならないようになってしまいます。営業活動で借入金の返済ができないのですから、返済資金を借入れで何とかしようとするほかないからです。

　オメガ工業は、かつては相当な利益もあげていましたので、ある程度の不動産を保有していました。また、社長は律儀な性格で、銀行の返済を一度も遅らせたことがありません。保有する不動産の担保価値は十分あり、返済も問題なかったので、融資については、常に銀行も寛大な対応をしてくれました。

　ところが、平成6年に始まった赤字経営が以後5年間も続き、債務超過になりそうになってくると、銀行もそんなに甘い態度をとり続けるわけがありません。銀行は、遊休不動産の売却を迫ってくるようになりました。

　それを受けて、会社の保有する不動産や、社長個人が保有する不動産の一部を売却しました。その売却代金のほとんどは、借入金の返済に充当されました。

　それでも社長は、依然として運転資金が不足すれば、「銀行から借りればいい」ように考えていました。それまで社長の意識の中には「銀行から無尽蔵に資金が借入れできなくなった」という認識がありませんでした。

　銀行に突き放されてはじめて、社長は大慌てに慌てました。何とかして運転資金を賄おうとしましたが、すでに手遅れです。新たな資金調達の道はありません。

♠「会社を潰したほうが楽や」と一足飛びに倒産の相談へ走る

　このような状態のとき、普通なら、まず銀行に返済を待ってもらうことを考えます。しかし、律儀な社長としては面子もあって、「銀行に返済を待ってくれ」といえませんでした。

　そこでどうしたかというと、久しぶりに会った友人に紹介された弁護士のところへダイレクトに相談に行ったのです。

　その友人というのは、以前に自分の会社を倒産させ、現在は悠々と生活している方でした。友人は、「経営が苦しかったら、会社を潰したほうが楽や」な

どといい、自分が会社を倒産させるときに世話になった弁護士を紹介したものですから、社長はついその気になってしまったのでしょう。

社長は、その紹介された弁護士に「民事再生で会社を立て直したい」と相談しました。しかし、現状からみると、とても民事再生ができるような状態ではありません。それなら、「どのような倒産方法があるのか」ということが検討され、特別清算という方法で会社を潰すことになりました。

会社をなんとかしようというときは、銀行に返済を待って貰い、支出を抑え、その間に事業の建て直しをはかり、ちゃんと返済できるように計画を立てるものです。とにかく銀行に相談し、何とか事業を継続しようというのが普通だと思うのですが、オメガ工業の社長は、銀行にはまったく相談せず、弁護士に直接相談にいったものですから、一足飛びに倒産ということになりました。

このようにいうと、何か弁護士が悪いかのように聞こえますが、決してそんなことをいっているのではありません。弁護士は、民事再生をする相談を受けたのです。この民事再生というのは、会社倒産の一種です。

①オメガ工業が事業をしている業界の規模は縮小傾向にあり、②会社の事業自体にも伸びる要素がありませんし、③しかも社長自身がこの業界で生き残るのは難しいといえば、会社の再生は、難しいと判断されるのは自然です。そして、もっとも有利な会社の潰し方を考えるのが弁護士として当然の仕事となります。

オメガ工業倒産の原因の一つは、生き残る手立てを自ら考えることをせず、一足飛びに弁護士に倒産の相談をしたことです。倒産の相談を受けた弁護士は、当然のことながら、どのように倒産させればよいかを考えます。弁護士としては、社長にもっとも有利な方法で会社を倒産させることを考えるものなのです。会社を倒産させたいと思うなら、最初から弁護士に相談するべきです。しかし、会社を継続させたいのなら、弁護士に相談するのは、考えものということになります。

社長の決断の仕方があまりにも唐突だったということが問題なのです。

♠倒産の原因は「追加融資を断わった銀行にある」という社長と金融機関の現状

社長にいわせると、「倒産の原因は、追加融資を拒絶した銀行にある」とのことです。しかし、よく考えてみると、決してそんなことはありません。

たしかに、銀行が融資を拒絶したことは、社長に倒産を決断させた大きな原因です。しかし、オメガ工業の財務内容からすると、融資を断られても当然だったのです。

ここで、銀行の現状認識について触れておきましょう。

それは、いま世間で問題となっている金融機関における不良債権処理問題です。不良債権処理というのは、回収が滞ったり、不能となったりした債権を銀

行が貸倒処理することです。政府や金融庁は、金融機関に対し、そのような不良債権を貸倒処理させることにやっきとなっていますが、それは、業績の良くない中小企業をすべて潰すことにつながります。

　政府も公式に、中小企業を積極的に潰すとは発表していません。しかし、現実には、金融機関は、業績の良くない中小企業から資金を引き上げています。また、税金を滞納していると、税務署が倒産を迫ってきます。

　こういう政府などの姿勢をみていると、業績が悪く、資金繰りが苦しい会社を存続させようという気持は、微塵もないことがわかります。政府は、金融機関の健全化のために、公的資金を投入しているといいますが、これも金融機関に資金を投入しているというだけで、末端の中小企業に融資をせよとはいっていません。投入された公的資金のほとんどは、金融機関に残ったままとなっています。

　また、政府からは、政府系金融機関を通して、中小企業に資金を投入しているという言い訳がなされていますが、その資金も、政府系以外の金融機関の債権を返済するのに充当されるのが実態です。つまり、中小企業には、公的資金の恩恵はまったくないのです。

　このような政府などの指導の下で、業務を行う金融機関としては、返済が苦しくなった会社は積極的に潰していくのは当然のことなのです。

♠社長は銀行の動きや財務内容を十分認識していなかった

　オメガ工業の社長は、その点をまったく勘違いしていたとしかいいようがありません。

　銀行は従来どおり融資に応じてくれていたし、支店長も一時は追加融資を承諾しているということで、社長は安心しきっていたのです。

　しかし、前述のとおりバブル崩壊以後、次第に銀行の態度は厳しさを増していきました。いずれの銀行も本店から貸出を抑えるような指導を受け、支店長にはほとんど決裁権限が与えられていません。債務超過に陥るかもしれない融資先への追加融資となると、当然本店決裁になります。本店決裁なら、会社の決算状況からみて、融資は拒絶されることは明らかな状態だったのです。

　これまで運転資金を用立ててくれた銀行が、不動産の売却と借入金の返済を迫り、追加融資には応じようとしなくなったために、社長としては、銀行に裏切られたような気持になったのでしょう。

　しかし、銀行を怨むより前に、社長自身が銀行の動きや、会社の財務内容の現状を十分認識していなかったことが間違いの一つです。過去の経験だけで融資が受けられると過信していたことを反省すべきなのです。

　このような結果にならないようにするには、どうしたらよかったのでしょうか。その点を、経営分析の数値を通して、一緒に考えていきましょう。

オメガ工業の決算推移と経営分析のポイント

♠赤字決算が続き、資金繰りは苦しかった

　顧問を始めた頃から倒産するまでの決算の推移は、図表1～3のとおりです。
　図表1～3の決算書をみただけでは、どうして会社の財務内容が悪くなったのか、すぐにはわからないかもしれません。赤字続きの決算書ばかりをみても、悪いという結果がわかるだけで、その原因は何だったのかはわかりにくいものです。
　決算書をみてすぐにわかることは、借入金が多すぎることです。平成9年9月期当時、売上高が13億円余りで、借入金は11億円以上もありました。
　その後も赤字続きで、売上高はどんどん減少していきましたが、借入金は一向に減らなかったのです。これをみただけでも、資金繰りが非常に苦しかっただろうということは、推測がつくと思います。

♠TKCが使っている経営分析の計算方式を使用

　このように、ただ決算書を眺めるだけでは、これ以上は何もわからないかもしれません。そこで、これを分析して数値に表してみるのです。そうすると、何らかの原因がわかってきます。
　経営分析の方法には、いろいろなものがありますが、ここではTKCの経営指標を使って分析することにします。TKCというのは、会計事務所や地方公共団体向けの計算センターですが、そのTKCが使っている経営分析の計算方式と考えていただければよいでしょう。
　わざわざTKCの計算方式と断るのは、世間で使われている経営分析の計算方式と若干違うところがあるためです。といっても、まったく独自のものではなく、一般に使われている経営指標を、TKC風に多少アレンジしたものだと考えてください。
　具体的には、経営指標の経営分析体系（62頁）によっています。また計算式は67頁以降に示しています。

♠経営分析は自社の過去数値と比べることが重要

　オメガ工業の経営分析数値は、後述するとして、ここで経営分析数値の見方について若干説明をしておきます。
　経営分析について、よく聞かれる質問は「経営分析値はどのような値であればいいのか」ということです。学校などでは、偏差値などで自分がどの位置に

[図表1 オメガ工業の貸借対照表]

(単位:円)

	平成9年9月期	平成10年9月期	平成11年9月期	平成12年9月期	平成13年9月期	平成14年3月期
従事員数	85名	67名	52名	48名	41名	34名
事業年度月数	12	12	12	12	12	6
(資産)						
現金預金	401,246,776	383,008,825	366,656,985	207,841,340	122,039,611	89,844,800
売上債権	375,008,937	298,421,637	236,688,606	217,901,205	172,908,865	143,175,805
貸倒引当金	△3,502,600	△34,127,579	△20,000,000	△12,000,000	△10,000,000	
有価証券	84,844,280	84,844,280	42,647,060	52,175,060	52,175,060	52,175,060
当座資産合計	857,597,993	732,147,163	625,992,651	465,917,605	337,123,536	285,195,665
棚卸資産	193,424,834	183,235,290	158,781,206	168,765,979	225,962,753	133,616,676
その他流動資産	23,552,362	14,653,129	3,006,789	1,555,000	3,347,200	8,782,400
流動資産合計	1,074,575,189	930,035,582	787,780,646	636,238,584	566,433,489	427,594,741
有形固定資産	458,881,120	470,862,015	463,041,756	443,436,047	425,597,656	388,088,952
無形固定資産	385,652	385,652	385,652	751,361	711,555	667,470
投資等	41,053,062	47,670,092	54,639,927	54,125,931	59,608,903	43,657,154
固定資産合計	500,319,834	518,917,759	518,067,335	498,313,339	485,918,114	432,413,576
繰延資産	220,000	172,000	124,000	76,000	28,000	4,000
資産合計	1,575,115,023	1,449,125,341	1,305,971,981	1,134,627,923	1,052,379,603	860,012,317
(負債・資本)						
買入債務	258,907,590	147,754,910	102,260,078	99,540,772	76,372,877	55,983,167
短期借入金	360,670,000	267,000,000	213,000,000	134,000,000	144,690,003	201,944,551
引当金	13,740,904	10,828,800	0	0	0	0
その他流動負債	43,166,017	27,379,955	28,178,948	22,066,716	16,492,847	24,666,059
流動負債合計	676,484,511	452,963,665	343,439,026	255,607,488	237,555,727	282,593,777
長期借入金	809,072,274	883,801,000	919,171,000	901,951,000	931,823,000	849,339,186
退職給与引当金	17,621,744	0	0	0	0	0
固定負債合計	826,694,018	883,801,000	919,171,000	901,951,000	931,823,000	849,339,186
負債合計	1,503,178,529	1,336,764,665	1,262,610,026	1,157,558,488	1,169,378,727	1,131,932,963
資本金	32,403,000	32,403,000	32,403,000	32,403,000	32,403,000	32,403,000
準備金	14,292,426	14,292,426	14,292,426	14,292,426	14,292,426	14,292,426
剰余金	25,241,068	65,665,250	△3,333,471	△69,625,991	△163,694,550	△318,616,072
資本合計	71,936,494	112,360,676	43,361,955	△22,930,565	△116,999,124	△271,920,646
負債・資本合計	1,575,115,023	1,449,125,341	1,305,971,981	1,134,627,923	1,052,379,603	860,012,317

【図表2　オメガ工業の損益計算書】

(単位：円)

	平成9年9月期	平成10年9月期	平成11年9月期	平成12年9月期	平成13年9月期	平成14年3月期
売上高	1,308,324,002	1,023,852,527	856,091,558	771,491,987	584,481,929	234,125,834
仕入	314,912,587	275,967,306	261,477,464	302,765,500	304,416,748	126,000,278
材料費	353,051,457	254,328,422	197,793,354	150,780,902	76,958,302	43,928,281
労務費	227,473,883	193,652,046	142,165,713	108,024,797	84,171,344	40,514,458
経費	207,524,484	170,870,331	105,964,557	65,406,818	45,663,390	25,536,961
うち外注費	75,694,178	62,491,675	37,404,582	29,061,937	15,353,192	3,960,437
減価償却費	58,390,679	48,639,801	19,061,495	16,337,528	15,217,709	17,250,420
在庫（材料を除く）増減	△15,726,716	△5,381,807	17,976,078	△6,403,008	△50,874,348	80,837,770
売上原価	1,087,235,695	889,436,298	725,377,166	620,575,009	460,335,436	316,817,748
売上総利益	221,088,307	134,416,229	130,714,392	150,916,978	124,146,493	△82,691,914
販売費及び一般管理費	237,724,571	248,540,262	207,919,137	218,260,022	200,687,468	94,552,883
うち役員報酬	25,807,368	26,094,803	31,764,672	31,794,672	24,463,548	11,264,774
その他人件費	101,183,540	87,980,509	74,894,862	74,080,621	65,253,142	27,394,144
減価償却費	4,035,346	4,666,960	11,029,436	8,978,969	8,098,788	8,729,257
営業損益	△16,636,264	△114,124,033	△77,204,745	△67,343,044	△76,540,975	△177,244,797
受取利息・配当金	1,935,793	2,666,113	1,850,312	1,215,402	891,094	101,220
雑収入	14,457,717	4,717,809	30,095,058	26,823,263	10,736,446	38,513,768
支払利息	33,101,594	27,643,601	28,639,544	26,858,529	29,155,124	15,654,114
雑損失	68,483	19,475,953	9,227,381	129,612	0	637,599
経常損益	△33,412,831	△153,859,665	△83,126,300	△66,292,520	△94,068,559	△154,921,522
特別利益	0	195,649,947	14,127,579	0	0	0
特別損失	0	0	0	0	0	0
税引前当期損益	△33,412,831	41,790,282	△68,998,721	△66,292,520	△94,068,559	△154,921,522
法人税等	693,812	1,366,100	0	0	0	0
当期損益	△34,106,643	40,424,182	△68,998,721	△66,292,520	△94,068,559	△154,921,522
前期繰越利益	△38,252,289	△37,358,932	3,065,250	△3,333,471	△69,625,991	△163,694,550
当期末処分損益	△72,358,932	3,065,250	△65,933,471	△69,625,991	△163,694,550	△318,616,072

【図表3 オメガ工業のキャッシュフロー計算書】

(単位：円)

	平成9年9月期	平成10年9月期	平成11年9月期	平成12年9月期	平成13年9月期	平成14年3月期
営業活動によるキャッシュフロー	△2,330,975	△123,089,938	△24,854,132	△47,553,144	△115,490,460	△34,514,406
税引前当期利益	△33,412,831	41,790,282	△68,998,721	△66,292,520	△94,068,559	△154,921,522
減価償却費	62,426,025	53,306,761	30,090,931	25,316,497	23,316,497	25,979,677
引当金増減	1,656,210	10,091,731	△24,956,379	△8,000,000	△2,000,000	△10,000,000
売上債権増減	△47,434,980	76,587,300	61,733,031	18,787,401	44,992,340	29,733,060
棚卸資産増減	△4,498,534	10,189,544	24,454,084	△9,984,773	57,196,774	92,346,077
買入債務増減	28,552,219	△111,152,680	△45,494,832	△2,719,306	△23,167,895	△20,389,710
法人税等支払い	△693,812	△1,366,100	0	0	0	0
その他流動資産増減	△17,568,482	8,899,233	11,646,340	1,451,789	△1,792,200	△5,435,200
その他流動負債増減	8,643,210	△15,786,062	798,993	△6,112,232	△5,573,869	8,173,212
固定資産売却益	0	△195,649,947	0	0	0	0
有価証券売却益	0	0	△14,127,579	0	0	0
投資活動によるキャッシュフロー	△46,660,578	123,793,261	27,132,292	△15,042,501	△10,873,272	27,548,861
固定資産等増減	△46,660,578	123,793,261	△29,192,507	△5,514,501	△10,873,272	27,548,861
有価証券増減	0	0	56,324,799	△9,528,000	0	0
財務活動によるキャッシュフロー	29,611,955	△18,941,274	△18,630,000	△96,220,000	40,562,003	△25,229,266
長期借入金増減	111,149,955	74,728,726	35,370,000	△17,220,000	29,872,000	△82,483,814
短期借入金増減	△81,538,000	△93,670,000	△54,000,000	△79,000,000	10,690,003	57,254,548
当期キャッシュフロー	△19,379,598	△18,237,951	△16,351,840	△158,815,645	△85,801,729	△32,194,811
期首現金預金	420,626,374	401,246,776	383,008,825	366,656,985	207,841,340	122,039,611
期末現金預金	401,246,776	383,008,825	366,656,985	207,841,340	122,039,611	89,844,800

【図表4　流動比率の推移（決算月9月、平成14年のみ3月）】

	平成9年	平成10年	平成11年	平成12年	平成13年	平成14年
流動比率(%)	158.8	205.3	229.4	248.9	238.4	151.3

（参考）TKCの経営指標（同業種黒字企業平均）.は、250.0％

あるかを知ることができます。この偏差値なら、どの大学に合格できるかがわかるように、「この経営分析値なら合格か」がわかると思われているでしょう。

しかし会社の経営は、受験とは違います。「経営分析値がどのような数値なら合格か」などという考えは通用しません。

また今の数値が、他社と比べて相対的にどうかということも、あまり問題にしないほうがよいのです。会社は、それぞれ違った事情を抱えているからです。自社の事情も考えず、指標だけを他社と比較しても、あまり役に立たないのです。

それよりも、自社の過去の数値と比べてどうなのかをみることがより重要なのです。

♠流動比率が高くなって倒産という意味は

例えば、流動比率で説明しましょう。

一般的に、流動比率は数値が高いほうがよいとされています。流動比率というのは、簡単にいうと、すぐにお金になる資産と、すぐに支払いをしなければならない負債を対比させて、支払能力を判断するための指標です。

図表4の流動比率をみると、もともと158.8％であったものが、倒産直前には238.4％まで上昇しています。

一般にいわれている説明では、流動比率が高ければ返済能力が高いので、倒産することはないということです。TKCが集計した同業種の黒字企業の平均は、250.0％となっており、図表4では、だんだんこの数値に近づいています。これなら、会社の内容がよくなっていると考えられなくもありません。

しかし、現実には、流動比率がどんどん高くなってから、最後に倒産しているのです。このことからわかるように、単純に、経営分析値をみるだけでは、ほんとうの姿は何もわからないということです。

経営分析によって、会社の問題点を探り、財務内容をよくしていこうとするなら、自分の会社の分析値の変遷を吟味し、なぜこのようになったのか、その原因を探る必要があるのです。

そうしないと、ほんとうの問題点とその解決策はみえてこないからです。

3 経理にまで手が回らない！

♠月次決算が遅い

　TKCの経営指標を使うことは前述しました。TKCというのは、会計事務所向けの計算センターで、TKCを利用する約8,500名の会員の会計事務所では、その顧問先に対してTKCの会計システムを導入することが多いのです。

　TKCも、最近はやり方が変わってきました。以前は、顧問先企業では伝票を発行するだけで、後は会計事務所がコンピュータで経理処理をすることになっていました。それが最近は、自計化といいまして、顧問先企業が自らコンピュータを使って経理処理をするようになっています。

　筆者の経営する会計事務所では、顧問先が自ら経理をしている場合は、それを取り上げて会計事務所で経理処理したり、無理やりTKCの会計システムを導入したりはしていません。できるだけ、顧問先企業の自主性にまかせたいと思うからです。

　しかし、あまりにもオメガ工業の月次決算は遅いのです。

♠月次決算が遅れる理由

　オメガ工業では、以前は総務部長がいて、部長は総務全般を担当し、実務を補佐する課長と女性2人で、総務・経理を担当していましたが、平成9年頃には、総務と経理の担当は、男性課長1人と女性1人だけとなりました。

　そんな状況で、総務では経理も担当していたのですから、どうしても経理は後回しになってしまいます。

　経理で行う最も重要な仕事が、決算です。決算というのは、年次または月次で会社の活動をまとめて報告するものです。

　オメガ工業では、銀行に提出することと税務申告のために決算書を重要視していましたが、いずれにしても、人に報告するだけという意識が強かったと思います。

　経理処理を後回しにせざるを得ない場合は、決算の結果を使って、経営に活かすことはできません。そのために、決算は単なる後始末のようになり、期限までにできあがればよいという考えになって、よけいに決算業務が遅れるわけです。

♠手間がかかるコンピュータシステムの使い方

　オメガ工業では、販売管理をはじめとして、経理業務に至るまで、すべてコ

ンピュータシステムによっていましたが、その使い方が十分ではありませんでした。

例えば、得意先への請求書を発行したり、入金管理をする販売管理システムに問題がありました。その月の売上高を集計するとき、全社の消費税の集計ができないのです。

消費税が平成元年に導入されたとき、どう間違ったのか、オメガ工業では、消費税は集金したときに計上すればよいと考えたようです。本来、消費税というのは、物を売ったり買ったりしたときに課税されるものであって、販売代金を集金したときに課税されるものではありません。

オメガ工業でも、得意先へ送付する請求書には、本体の売上高と消費税が記載されています。しかし、それは単に請求書をつくるために、消費税を記載するという考えでした。したがって、コンピュータで１か月の売上を集計しても、製品や商品の本体の売上高の集計はできますが、その月の消費税については、全社の合計が計算できないのです。

♠消費税処理に手間取るために経理処理が後回しになる

このような処理をしていると、決算業務に問題が出てきます。同社の経理処理は、売上を計上したときに消費税を計上せず、入金した部分だけの消費税を計上しています。しかし、消費税は入金時ではなく、売上があったときに課税されますから、決算のときには、売上のうちまだ入金できていない部分について消費税を再計算する必要がでてくるのです。

売上高だけでなく、仕入や経費などの消費税にも、非常に手間がかかっていました。物を購入するときは、消費税込みで購入します。それを本体と消費税に区分する必要があります。それを税抜経理といいますが、その税抜処理も、その都度手計算で行い、その結果をコンピュータに入力するようになっていたのです。

売上の入金時の本体と消費税の区分計算や、仕入や経費の税抜処理、決算時の消費税の再計算など、わざわざ人手をかけるように仕組んだとしかいいようのないコンピュータシステムだったのです。

コンピュータを利用しているといっても、手間がかかるため、経理担当者は、忙しいときは経理処理を後回しにして、急ぐものからやってしまうのです。そのため、経理は常に最後に処理される羽目になりました。年次決算を迎える時期になっても、数か月分前の経理処理ができていないという現状だったのです。

月次決算は、後始末でよいとは考えていたわけではないでしょうが、結果としてはそうなっていたとしかいいようがありません。本来、月次決算は会社の業績を即座に判断して、次のステップへの足がかりとなるべきものです。しかし、オメガ工業のそれは、後始末として決算をするだけですから、そこから何

も生まれてこない状態になっていました。

♠ **コンピュータシステムの改善が不調に終わる**

そこで、もっと効率的に経理ができるよう改善を図ろうと指導しました。

まず、経理で消費税を手計算で計上することはやめるよう、会計システムの運用方法の指導をしました。それだけでも、数段の効率化になりました。しかし、販売管理システムから、売上時の消費税額の集計が出てこないという欠陥だけは、いくら経理で頑張ってもどうしようもありません。

そこで、顧問を始めて2年目の平成11年頃に、販売管理システムのコンピュータの更新を検討しました。

しかしながら、すでにオメガ工業は、リース会社から要注意先と認定されており、導入しようとしていたコンピュータシステムが大規模であったため、リース契約ができないことがわかったのです。

結局、コンピュータシステムの改善をすることができず、とりあえず現状のシステムをできるだけ効率よく使うことしかできませんでした。

♠ **月次で決算状況をみないままの状態が続く**

リース契約ができなかったという事態に陥っても、社長はあいかわらず銀行を頼りにした経営を続けていました。

資金繰りが苦しいと、まず銀行に融資を依頼し、銀行はそれなりに応じるということを繰り返していたのです。リース会社が契約を拒絶するような状態になっているのに、どうして銀行は、このようにのんびりしているのかと疑問に思ったくらいです。

確かに公的資金投入で、特に政府系金融機関の融資は甘かったといえるかもしれません。それを頼りに社長は、借入れを続けていたのです。さらに、主要な取引銀行が地方の銀行であったこともあって、比較的甘い審査で融資が受けられたのかもしれません。

その結果が、社長にとことんまで、銀行の融資だけを頼りに経営させることになったといえます。しかし、決算はできていませんから、総務では手探りで資金繰りを考え、銀行から融資を受けることになるのです。

融資を受けるためには、いろいろな資料が必要です。その中に、簡単な決算の役目をする試算表というものがありますが、数か月遅れの試算表でなんとか間に合わせ、取り敢えず、その場の資金調達をすることになってきます。

どうしても、日々の経理処理は、相変わらず後回しにされ、月次で決算状況をみないままの状態が続いていたのでした。

 ## 業績回復は神頼み？

♠月次決算が数か月遅れのため利益も資金繰りも手探り状態

　オメガ工業の業績は悪くなる一方で、どうしようもないような状態になりつつありました。といって、何もしなかったわけではありません。

　毎期、社長は経営方針を発表し、経営計画を立てていました。それは、以前からやっていたことで、筆者も顧問をした当初から、この経営計画はみせて貰いました。

　ところが、その計画と実績との比較ができないのです。実績の集計は、経理処理の結果が出ないとできません。前述のとおり月次決算書が数か月遅れるのです。

　年次決算だけは、税務署に2か月後に申告をしなければならないこともあって、確定決算書は2か月でできますが、月次決算書は3か月以上、悪いときは半年くらい遅れるのです。

　これでは、計画を立てても、まったく効果があらわれません。計画と実績の比較が、どうしても遅れ遅れになり、現状把握は、もっぱら勘に頼ることになるのです。

　事業年度の当初計画では、常に、前期を上回る成績を残すことが目標となっています。しかし、顧問をしていた数年間、それが実現したことはありませんでした。いつも計画より実績が下回るのです。

　売上高だけは計画と実績の比較がすぐにできますので、常に売上高が少ないことだけは把握できていました。しかし、利益がどうなっているのか、資金繰りはどうだったのか、ということはまったくわからない状態のままです。

　その状況を改善するためには、どうしても経理を効率化して、早く仕上げる必要がありました。その検討もし、社長とも相談したのですが、結局、会計顧問からの提案と社長の意見とがあわず、従来どおりの経理を継続することになりました。

♠現状の把握と舵取りを不可能にする月次決算の遅れ

　このように数か月遅れの月次決算をしていると、どういうことになるのでしょうか。

　会社としては、それに慣れきっていますから、別にどうという問題もありません。困るのは、決算を担当する総務課長と、会計事務所だけです。

　しかし、遅い決算は、そのようにごく一部の関係者だけに影響するものでは

ありません。

　業績を立て直すには、まず会社の現状をしっかりと認識することが必要となりますが、月次決算が遅いとそれができません。現状認識ができないということは、目を瞑ったまま、業績だけを改善しようというのと同じです。

　現状認識なら、前期の決算があるから、それだけで十分という考えがあるかもしれませんが、会社は生き物です。今、現在の状態をしっかりと把握できないと、ほんとうの姿はわからないのです。

　残念ながら、オメガ工業では、当てずっぽうの業績改善を目指していたとしかいいようがない状態が続いていたのです。

▲売上回復は空念仏に終わる

　オメガ工業では、利益計画を立てていましたが、その計画を達成する努力はなされていたはずです。

　販売計画は、常に前年を上回るように設定されていましたが、そのための具体的な方策が示されたということは聞いていません。得意先への訪問回数を増やすとか、納期厳守など、通り一遍のことが叫ばれるだけで、積極的に得意先に対し打って出るような方策は実行されなかったようです。

　売上は、常に計画を下回っているのに、社長から「このようにして売上を増やせ」という具体的な指示はありませんでした。そうなると、社員としては、「売上は減少してもよいものだ」という考えになってしまいます。

　そんな感覚の社員に、いくら売上回復を叫んでも、それは空念仏のようにしか聞こえません。売上回復という言葉は、まったく社員の心に触れることがなくなってしまったのです。

　その結果、売上の減少は、いよいよとどまるところを知らないという状態が続いていくことになるのです。せっかく事業計画を立てても、「それは社長の考えだけ」という雰囲気になってしまっていたようでした。社員は「そんなことにはあまり関係したくない」と思っていたのかもしれません。

　「命令された業務だけをこなせばそれでいい」というような、悪い意味でよくいわれる官僚的な発想が生まれていたのだと思います。

　会社から、売上回復の具体的な方策は提示されず、社員に革新的な行動をする意欲がないとすれば、何も変わるものはありません。旧態依然として、今までの製品を、今までの得意先に販売し続けるだけなのです。

　これでは、「売上を増やし利益を出すという業績回復計画は、偶然のしかも突然のブームが起こらない限り実現しない」と考えるほうが正しいことになります。つまり「業績回復は神頼み」ということになり、自分でよくするという努力がまったくないのと同じことになってしまうのです。

④業績回復は神頼み？

5 社長の最終決断までの経緯

♠顧問会計士のいうことをまったく聞かない社長

社長は、「会計士や税理士は税金の計算さえすればよい」と考えていたようでした。したがって、筆者からの経営改善のための提案は、基本的にすべて丁重に拒否されました。

顧問を始めた頃に、営業マンの数を増やすことを提案したとき、「オメガ工業はルート販売であるため、その必要はない」と断られました。しかし、倒産直前になって、ようやく「営業部員を増やさなければならない」といって、工場から営業部へ配置転換をしたのですが、時すでに遅しです。

これは決して社長を糾弾する意味ではありませんが、提案を受けたときに、冷静になって、人の意見を聞くことが必要だったのではないかと思います。

もともと相当な業績を残してきた社長ですから、自分の力に自信があったのだと思います。しかも、社員からは積極的な意見が出ないとなると、社長は「自分ひとりの力だけが頼りだ」と思うようになるのでしょう。その結果、他人に相談するということがなくなってしまったのです。

オメガ工業の社長とは反対に、顧問会計士やコンサルタントのいいなりになって、会社の業績を悪くする社長も結構おられます。それは、オメガ工業の社長とはまったく逆で、他人のいうことは何でも無条件で受け入れてしまうために起こる失敗です。

すべて中庸がよいように思います。他人のいうことをまったく聞かないのも、また逆に聞きすぎるのも、結局は会社をダメにしてしまうのです。

いずれにしても、オメガ工業の社長は顧問会計士のいうことをまったく聞かないタイプの社長だったのです。

♠平成13年末に社長からようやく業績回復に協力するよう依頼を受ける

このオメガ工業は、平成14年3月に倒産するのですが、その4か月前の平成13年12月になって、ようやく社長は、筆者に業績回復のために協力してほしいと依頼してきました。

社長が依頼をしてきたのには、原因がありました。実は、平成13年のはじめに、社長は胃ガンに冒されていることがわかったのです。その後、胃の摘出手術を受け、手術は成功したのですが、ガンが転移していると宣告を受けていました。そのため、社長は弱気になり、誰かを頼りにしようという気持が生まれてきたのではないかと思います。

ここまで読んでこられた方は、「後継者はどうなっているのか」という疑問をもたれたかもしれません。自分が病気に冒されたのなら、後継者に業務を委ねてもよいと思うのが普通です。
　たしかに、社長には息子さんがいます。その息子さんは、大学卒業後、東京で畑違いの映画関係の会社で働いていましたが、平成10年頃に、後継者としてオメガ工業に入ってきました。しかし、その息子さんは、商売の面では経験がないものですから、その評価は、社内ではもう一つだったようです。
　まだ若い後継者ですから、これから人望を集め、立派な経営者になっていくのでしょうが、現実には、その時間がなかったことになります。

♠業績改善を図ろうと思ってとりかかった矢先に倒産の話
　社長から業績回復に協力するよう依頼を受けた筆者は、即座に、社員教育をやり直し、実践できるような事業計画に改善すべく手をつけ始めました。
　まず、役員会議や営業会議に出席をして、どのような会議をしているか、みせてもらいました。しかし会議では、半月ごとの販売実績の報告があり、それに対する担当者の所見が述べられるだけで、今後に対してどのように取り組むかなどの意見は出ません。
　筆者は、改善のための意見が出るように改善するだけで、業績を回復させることができると判断していました。
　2月に入って、数回社員に対するレクチャーをして、これから会議の内容をよくし、業績改善を図ろうと思っていた矢先に、社長から筆者に電話があったのです。

♠後継者である社長の息子さんも倒産を望んでいる
　社長からの電話の内容は、「弁護士に相談したところ、特別清算という方法で会社を倒産させるのが、最良の策だ」というものでした。社長は、「3月の何日には倒産させる」ということまで決めていたのです。
　筆者には、寝耳に水の報告で、開いた口が塞がらないというのは、こういうことをいうのだと思いました。「倒産の道を選ばないほうがいい」と説得しようとしたのですが、社長は「もう決めている」ということでした。しかも、「後継者である息子も倒産を望んでいる」ということを聞けば、倒産させることを承諾せざるを得ない状態でした。
　社長が最終的に倒産を決断したキッカケは、前述のとおり友人からの勧めでした。会社を倒産させてから楽になったという友人の言葉が、社長には救いの言葉ように聞こえたのでしょう。
　そして、弁護士に「民事再生をしたい。つまり倒産させたい」という相談に行くことになるのです。弁護士は、「後継者はどう考えているのか」という質

問をしたようですが、後継者である息子さん自身も、「倒産させたほうがいい」と答えたのです。

♠周囲の状況をみた社長がやる気をなくして最終決断

会社を倒産させるという判断自体をどうこういうつもりはありませんが、社長は、自分自身の体調がすぐれず、後継者もやる気を失っていることをみて、倒産の最終決断をしたようです。

こういうと社長自身の考えとは関係なく、倒産が決まったかのように思われるかもしれませんが、そうではありません。周囲の状況から、社長のやる気がなくなってしまい、倒産という結論に至ったというのが正しい見方だと思います。（オメガ工業の経営破綻原因の分析について詳しくは、178頁参照）

倒産という最終判断のときには、会社の財政状態のことはあまり検討されなかったようです。会社を倒産させると、どのような影響があるのかということについては、弁護士から十分な説明がなかったようで、倒産をさせる当日になって、ようやく顧問会計士に相談があったくらいです。

このように、オメガ工業の倒産に際しては、筆者に直接の相談がありませんでした。平成14年になって始めた業績回復のための社員へのレクチャーや取組みは何だったのかという残念な思いで一杯です。

♠改善を図る努力をしていけば業績回復はできた

顧問会計士に対する信頼感がなかったというのも、倒産を決意させた原因の一つかもしれません。しかし、決算数値をもっと検討し、改善を図る努力をしていけば業績回復はできたと、筆者は今でも思っています。

社員に会社の状態をみせて、どのようにすれば改善できるかという意見を出させ、その意見を尊重しながら舵取りをしていけば、必ず改善できたのです。

会社の経営は、社長のココロが現実にあらわれたものです。社長が「会社をよくしよう」と思えば、必ずできます。ところが、「もうダメだ」と思えば、ダメなようになってしまいます。

絶対不可欠なものは、社長が会社をよくしようと決断することです。たとえ現実の決算状態をみると、そのような考えになれなくても、必ずよくなるという確信をもって、社員を舵取りすることが必要なのです。社員のやる気だけでは、会社はよくなりません。社長の前向きなココロがあって、はじめて会社はよくなっていくものなのです。

残念ながら、オメガ工業の場合、社長のココロは、会社をよくするのではなく、会社を倒産させて、自分が楽になることを選択したのです。

② 経営分析の基礎データ「決算書」の知識

　オメガ工業の経営分析をするには、分析をする前に、会社の決算とはどういうものかを頭に入れておく必要があります。
　決算書に書いてあることの意味を正確に把握できなければ、せっかく経営分析をしても、何も役に立ちません。
　そこで、ここでは、決算の基礎知識のごくごく基本を説明します。
　基礎の基礎ですので、ある程度、決算の知識をもっておられるときは、読み飛ばしていただいてもかまいません。

1 経営分析に不可欠な決算書

♠ 決算書とは

　経営分析をするときは、まず決算を理解することが必要です。決算では、どのような内容が報告されることになっているのでしょうか。

　決算内容を報告する書類を決算書（会計では財務諸表）といいますが、図表5のとおり、貸借対照表、損益計算書、キャッシュフロー計算書があります。この他に利益処分案や、営業報告書、附属明細書、勘定科目内訳書なども決算書に添付されます。

【図表5　財務諸表】

> 貸借対照表
> 損益計算書
> キャッシュフロー計算書
>
> 営業報告書
> 利益処分案
> 附属明細書

　なお、会計事務所から届けられる場合、こうした決算書類以外に、法人税の申告書がついていると思います。右肩に「別表」とかかれているものが、法人税の申告書です。中小企業の社長の中には、決算書と申告書の区別がわからない方もいますが、決算書と申告書は別物であるということを、まず理解してください。

♠ 三つの決算書が柱

　決算書には、いろいろな書類が含まれているのですが、経営分析で重要なものは、貸借対照表と損益計算書と、キャッシュフロー計算書で、この三つの決算書が柱になります（図表6参照）。

【図表6　三つの決算書が柱】

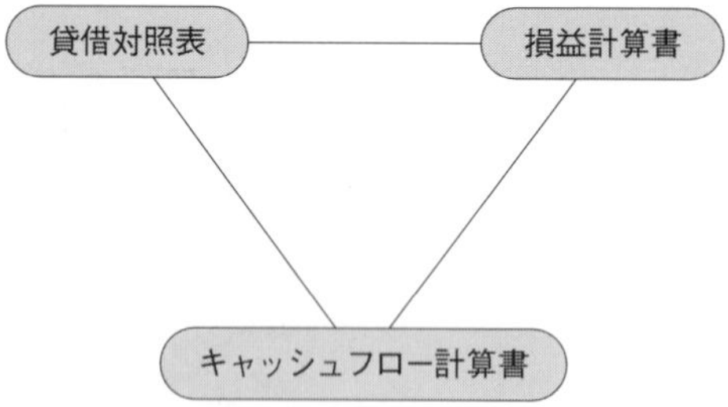

貸借対照表 ─── 損益計算書
　　＼　　　　　／
　　キャッシュフロー計算書

　キャッシュフロー計算書は、それ自体重要なものですが、それだけで十分な分析結果を示しているところがありますので、表示以上の分析は必要ないこともあります。

　利益処分案は、出た結果の利益をどのように処分するかを示すものですが、直接的に経営分析には使いません。

　営業報告書や附属明細書、勘定科目内訳書などは、貸借対照表、損益計算書やキャッシュフロー計算書の説明資料となります。

2 経営分析の位置づけ

♠会社のほんとうの姿に迫る経営分析とは

　最近、出版される経営分析に関する書籍の中には、経営分析をすることによって、会社の何もかもがわかるように書いてあるものもありますが、ほんとうにそうなのでしょうか。

　会社は、現実に事業を行なっています。会計では、現実の事業活動そのものを、取引という観点でとらえます。ここで、一つの問題が起きてきます。それは事業活動に金銭で表示できない部分があることです。

　雪印事件などが、いい例だと思います。雪印乳業は、わが国のトップブランドの一つとして、確固とした地位を築いてきましたが、食中毒事件で、その信用が失墜し、大きな業績悪化を招くことになりました。

　決算書では、食中毒事件によって発生した被害者への慰謝料や、後始末の費用、そして売上の落込みなどが表示されますが、これは事件そのものではなく、その事件の後の結果を表示しているだけなのです。

　決算書では、食中毒事件を起こした原因や、その事件への対応能力などについては、まったく取り扱いません。株主に報告する営業報告書などには、その事件の経緯やお詫びというものが記載されているかもしれません。しかし、貸借対照表や損益計算書などの決算書にどのように記載されるかです。

　これらの決算書には、事件の結果しか表示されていません。つまり、決算書には、事業活動そのものではなく、事業活動のうちの金銭で表示できるものだけを、一まとめにしたものです。決算書をもとに分析することを定量分析といいます（図表7参照）。

　決算書に表示できない、例えば経営者の資質や商品の魅力、営業報告書などの分析は定性分析といい、この二つを組み合わせてはじめて会社のほんとうの姿に迫ることができます。

【図表7　会社の実態に迫る経営分析の方法】

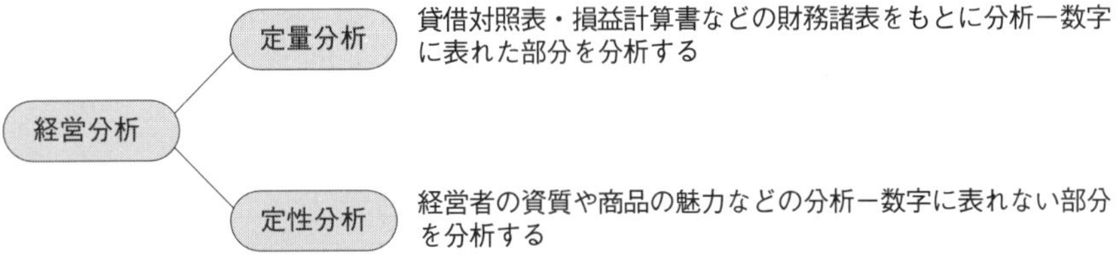

経営分析
- 定量分析：貸借対照表・損益計算書などの財務諸表をもとに分析－数字に表れた部分を分析する
- 定性分析：経営者の資質や商品の魅力などの分析－数字に表れない部分を分析する

♠経営分析はもう一つの鏡

　会社の姿は、決算書という鏡に映し出されます。そして、経営分析は、その決算書をもとにして行います。

　経営分析は、鏡に映った決算書という姿を、いろいろな比率として表示し、どこに問題があるかを発見しようというものですが、これもまた、分析手法の基礎となっている考え方を通して、決算書の内容をチェックしようとするものです。

　つまり、経営分析も、決算書を問題点発見という目的をもったフィルターを通して鏡に映し出すことだといえるのです。

　会社の事業活動そのものを、一度決算という鏡に映し、それをまた経営分析という鏡に映し出したものが経営分析です。

　ですから、経営分析でわかることは、一部だけのことになります。まず、決算書という鏡に映すときに、金銭というフィルターを通っています。経営分析は、さらに問題点発見という別のフィルターをかけたものです。会社の実態を、二度もフィルターをかけてみているわけですから、経営分析ですべてがわかるというのは、ほんとうは言い過ぎだと思います。

♠経営分析は科学の世界

　それなら、どうすれば経営分析で、会社の実態がわかるのかを考えておくべきでしょう。

　極論をすれば、単純に経営分析値をみただけで、そのまま何かがわかるということはありません。経営分析値から何かがわかるというのは、それをみた人が頭で考えて、鏡に二度映し出された姿から、ほんとうの姿を想像しているだけなのです。

　つまり、経営分析というのは、分析をした結果から、ほんとうの姿はこんなものじゃないのかなと、頭の中で実態を想像しているのと同じなのです。

　科学の世界では、仮説と検証ということをいいます。仮説を立てて、検証するのが、科学の基本です。実は、経営分析も、まさに科学の世界と同じなのです。

　二度写し出された経営分析値をみて、会社のほんとうの姿はこんなものではないかと仮説を立てます。そして、その仮説が正しいのかどうかを、現実と照らし合わせて検証し、どうすべきかを判断することになるのです。

　例えば、経営分析では、在庫が多すぎるという結果が出たとします。しかし、詳細に在庫のチェックをしてみると、この会社にとっては、その在庫は必要だということもありうるのです。

　ですから、経営分析の結果は、あくまで科学の世界における仮説の段階であることを十分理解してかかることが必要です。

3 経営分析の使い方

♠経営分析は人間ドックの検査と同じ

　会社の姿を鏡に映し出す経営分析は、どのように使うことができるのでしょうか。

　経営分析は、人間ドックなどで検査された結果の数値のようなものです。血糖値が高いと、体の調子が悪くなっていることはわかりますが、その原因が何なのかはわかりません。食事のとり方に問題があるのか、体質そのものに問題があるのか、その他にもいろいろと原因があるかもしれません。

　つまり人間ドックで出た結果が、そのまま治療方法の発見ということにはならないのです。それは、血糖値という結果をみただけで、人間の体や行動そのものまで立ち入って検査されていないからです。

　経営分析も、人間ドックの検査と同じです。経営分析をしても、会社の業績が、結果として悪くなっていることはわかりますが、それをもってすぐに改善策が発見できることにはなりません。

　経営分析は、鏡に映った姿を、もう一度鏡を通してみているだけなのですから、あくまでヒント・手がかりになるに過ぎないのです。

　利益が出ていないとすると、経営分析には、利益が少なすぎると表示されます。しかし、それならどうするのがよいのかは、どこにも表示されません。

　あとは、その経営分析の結果をみながら、経験と勘で、会社のどんな問題でこのような結果をもたらしているのかを推測するだけです。

　この推測のやり方を間違うと、経営分析の結果は、まったく逆の方向に出てくることもありますから、注意が必要です。

♠出てくる利益が少なすぎるときの対処法で例示すると

　会社が投資した額に対し、出てくる利益が少なすぎるとき、いろいろな対処法があります。そのうちの二つの方法を考えてみましょう。

　まず、売上を増やすために動くことが考えられます。もう一つは、経費を切り詰めることです。

　売上を増やすことは、新たな商品を開発したり、得意先を開拓したり、新たなものへのチャレンジになります。一方、経費削減は、いままでやっていたことをカットすることが多くなります。

　新たなチャレンジでの売上増は、この不況下では大変難しいものがあります。しかし、画期的な販売方法の発見により売上が伸びたとすると、社員のやる気

はますます盛んになり、より一層業績を伸ばすことができるかもしれません。
　ところが、経費削減だけで利益を出そうとすると、社員は萎縮する傾向が強くなります。「あれをしてはダメ、これもダメ」というのでは、「何もするな」といわれているのと同じです。どうしても社員としては、行動が制限され活動が鈍くなるのです。
　そうなると、一時的には経費は少なくなり、利益が出るかもしれませんが、社員の活動が鈍くなるために、それ以上に売上が落ち込み、さらに経費削減をしなければやっていけないことになる可能性があるのです。

♠経営分析後の対処法は分析をする人の考え方によって異なる

　経営分析をした後、どのように対処するかは、経営分析をする人の考え方、特に社長の考え方によって、大きく異なったものとなります。
　経営分析を活かせるかどうかは、社長や幹部あるいは社員が、どのような人間性や考え方をもっているかに関わってくるのです。
　そういう意味で、社長をはじめ、幹部や社員の人間性、考え方を、前向きなものにして、チャレンジができるものにしていかないと、いつまでたっても分析だけで終わり、改善にまったくつながらないことになってしまいます。

♠難しい現状の今こそ前向きな姿勢が望まれる

　今後、景気はますます悪くなると見込まれます。政府や日銀は、常に今が底で今後景気は徐々に回復するという見解を発表するでしょうが、それは単なる政府や日銀の合言葉にすぎません。まだまだデフレは続き、景気は悪くなっていきます。
　しかし、いくら景気が悪くなっても、その中で業績を伸ばしていく会社があります。デフレや景気後退が続く中で業績を伸ばす会社のように、できれば、本書を読んでいただいた方のすべてが元気印の会社になってほしいと思っています。
　そのためには、どうすべきなのでしょうか。
　今いった前向きな考え方が必要なのですが、これは言葉では簡単です。しかし、現実問題としては、難しいものがあります。環境がますます悪化しているとき、常に前向きな考えで臨むことは非常に難しい面があります。
　そういうときでも、無理をしても笑うことです。例えば、ゴルフをされる方なら、よくご存知でしょうが、プロゴルファーの丸山茂樹氏がいい例だと思います。丸山プロは、どんな逆境にあっても、常に笑顔でいます。そして、海外のツアーで優勝という快挙をやってのけるのです。これは、常に前向きに考え、成功するという好例だと思います。業績改善をしたいのなら、常に明るくすることが必要だということを認識しておいてほしいと思います。

4 貸借対照表の意味と役割

♠借方と貸方でまとめる貸借対照表

貸借対照表を知るには、貸方（かしかた）と借方（かりかた）という会計用語を理解することが必要です。

現在の会計制度は、複式簿記を使います。複式簿記というのは、一つの取引を二つの方向からみて認識し、二つの帳簿に記録していく方法です。

商品を1,000円で販売して、代金を現金で受け取ったときを考えてみましょう。会計では、記録することを仕訳（しわけ）という言葉で表現しますが、この取引の仕訳は、次のとおりです。

（借方）現金　　1,000円　／（貸方）売上　　1,000円

ここで、左側に借方、右側に貸方と表示しましたが、会計では、左側を借方、右側を貸方で表現する決まりになっています。これは、単なる約束事と考えてください。

会社の取引は、その借方と貸方にまとめられます。この借方と貸方にまとめたものを対照、つまり比較しようというのが貸借対照表です。

ただし、借方と貸方にまとめるのには、実は資産・負債・資本・費用・収益という五つの要素があります。この五つの要素は、借方、貸方のいずれかに表示するという、これまた決まりがあります。

会計で認識する五つの要素は、図表8のとおり借方、貸方のいずれかに表示します。

【図表8　会計における五つの要素】

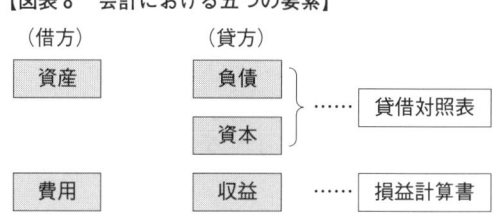

♠貸借対照表には会社の取引のすべてが反映される

貸借対照表が、貸方と借方を比較するというと、これらの資産、費用、負債、資本、収益のすべてを比較するかのように聞こえますが、貸借対照表に表示されるのは、借方の資産と貸方の負債、資本だけ、収益と費用は損益計算書に表示されます。

もっとも、貸借対照表に表示される資本は、株主が払い込んだお金である資本金と、会社が儲けて内部に留保した利益を合算したものです。内部に留保した利益の一部は、その年度の収益から費用を差し引いた当期の利益です。したがって、貸借対照表の資本の部には、収益と費用を比較した結果が利益として表示されるのです。このようにみてくると、貸借対照表には、貸方と借方に仕訳して記録した会社の取引すべてが反映されていることがわかります。
　会社のすべての取引が反映された貸借対照表をみると、その会社の財政状態がわかるといわれています。借金はどれくらいあるのか、在庫や売上債権はどれくらいか、あるいは儲けはどの程度あるのかなどがわかるのです。

♠経営分析は決算時点の貸借対照表をもとに行う

　貸借対照表で、貸方と借方を対照するということは、ある一時点の比較であることを意味します。
　いつの時点で対照するかは、任意に決定できます。期首であったり、期中の月末であったり、期末ということになります。いずれにしても、ある一時点で残っている資産、負債、資本を一まとめにして表示したのが、貸借対照表です。

♠月次決算書をもとに経営分析を行うときの注意点

　経営分析は、期末決算時点や月次決算時点での貸借対照表をもとに行うことになるのですが、月次決算書をもとに経営分析を行なうときは、十分注意する必要があります。月次決算では、期末決算のような決算処理が含まれていないこともあるからです。
　例えば、固定資産の減価償却費は、期末の決算処理で計上しても、月次決算で計上しないときは、月次決算で固定資産が適正な評価がされないことになります。このような月次決算による経営分析と、期末決算による経営分析を比較するのは、正しい比較とはいえないのです。
　経営分析は、そのときの数値だけをみてもあまり意味があるものとはなりません。過去の分析値と比較することが重要なのですが、正規の決算処理が含まれていたり、含まれていなかったりするような分析であると、正しい判断ができなくなる可能性もあります。
　そのようなことから、経営分析をするときは、期末決算と同じような処理をしたものによるべきということになります。
　月次決算で、期末決算と同じ処理をすることができれば、月次決算も十分に役立つものとなります。もし、月次決算で、期末決算と同様の処理ができていないときは、その点を若干割引をして経営分析値をみることが必要です。
　これは、あくまで原則ですが、会社の経営分析をするときは、期末決算を基本として行うことを心がけてください。

5 貸借対照表の資産・負債・資本の内容

♠貸借対照表の資産の内訳

　貸借対照表には、資産と負債、資本が表示されます。それぞれの内容を簡単にみてみましょう。

　資産というのは、お金そのものであったり、これからお金が入ってきたりするものです。資産の内訳は、図表9のとおりです。

　例えば、在庫などは、販売することによって、会社にお金をもたらします。土地や建物という不動産も利用することによって、会社に売上をもたらし、お金が入ってくることになるのです。

【図表9　資産の内訳】

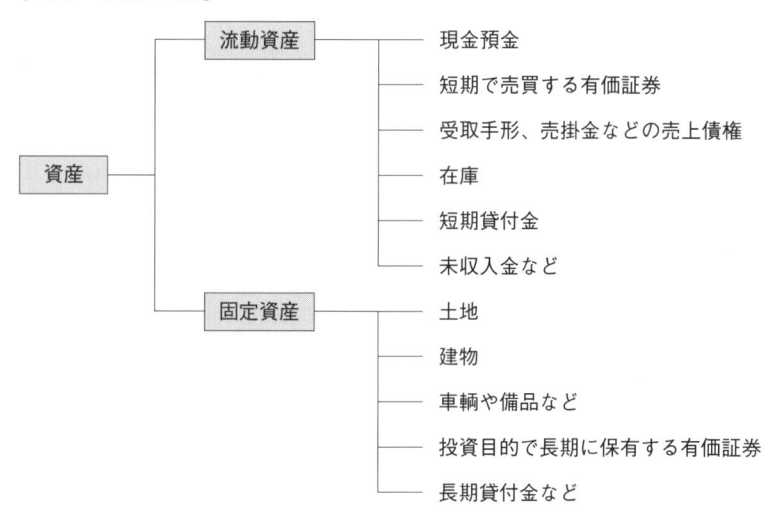

```
                ┌─ 流動資産 ─┬─ 現金預金
                │            ├─ 短期で売買する有価証券
                │            ├─ 受取手形、売掛金などの売上債権
                │            ├─ 在庫
                │            ├─ 短期貸付金
    資産 ───────┤            └─ 未収入金など
                │
                └─ 固定資産 ─┬─ 土地
                             ├─ 建物
                             ├─ 車輌や備品など
                             ├─ 投資目的で長期に保有する有価証券
                             └─ 長期貸付金など
```

♠貸借対照表の負債の内訳

　一方、負債というのは、これからお金が出て行くものを表示するものです。その内訳は、図表10のとおりです。

　資産や負債を区分して、流動、固定という分け方をしました。この流動と固定というのは、資金が短期的に動くのか、長期にわたって動くのかということを表したものです。短期というのは、営業循環内にあるものと、1年以内に決済するものを表したものです。

【図表10　負債の内訳】

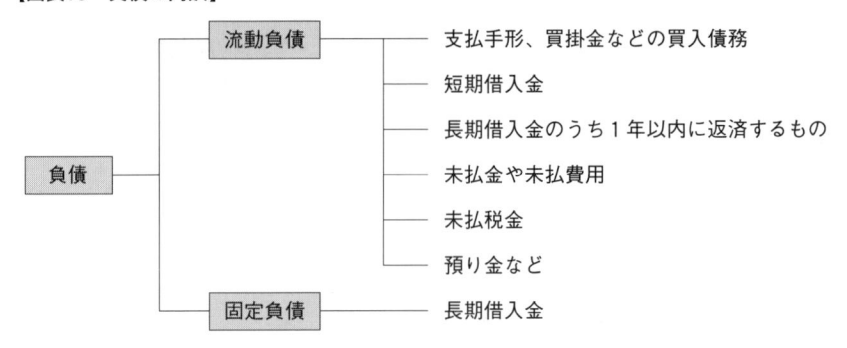

```
負債 ─┬─ 流動負債 ─┬─ 支払手形、買掛金などの買入債務
      │            ├─ 短期借入金
      │            ├─ 長期借入金のうち1年以内に返済するもの
      │            ├─ 未払金や未払費用
      │            ├─ 未払税金
      │            └─ 預り金など
      └─ 固定負債 ─── 長期借入金
```

♠営業循環で発生する資産と負債

　営業循環というとき、会社の主たる業務を、図表11のように考えています。この営業循環内で発生する資産（売上債権・在庫）や負債（買入債務）は、流動資産や流動負債ということになります。

【図表11　営業循環】

商品・材料の仕入　→　製造活動・在庫としてストック　→　商品・製品の販売

　この営業循環に含まれない貸付金や借入金は、1年以内に返済をするかどうかで、流動か固定かに振り分けることになっています。
　つまり、資産はお金が入ってくるものですが、ほぼ1年以内に入ってくるものが流動資産、お金が入ってくるのに1年を超える期間が必要なものが固定資産ということになります。負債の側で考えると、1年以内に支払うものが流動負債、1年を超える期間にわたって支払いをするものが固定負債ということになります。

♠貸借対照表の資本の内訳

　貸借対照表の資本には、資本金が含まれています。資本金は株主が会社に払い込んだお金で、事業活動の元手です。この資本金以外に、資本準備金や利益準備金があります。これらは、法律で準備金としなければならないとして定められているものです。
　その他に、剰余金として表示されているものがあります。これが、過去の利益のうち、社内に留保した利益です。
　資本は、一般に自己資本といわれます（図表12参照）。自己資本を厚くしようとするなら、増資をして資本金を増やすか、会社がもっと儲けて内部留保をするかということになるのです。

【図表12　自己資本】

> 自己資本＝資本金＋資本準備金＋利益準備金＋剰余金

♠**貸借対照表のもう一つの見方**

　資産を今後お金が入ってくるものとして、負債を今後お金が出て行くものとしてみる考え方は、新しい考え方です。
　この考え方をする以前は、負債や資本で資金を調達し、その資金を資産として運用しているというように結果からの見方をしていました。
　つまり、負債は、他人資本といわれるように、株主や会社以外から資金を提供してもらっている結果だという見方をします。資本は、株主が払い込んだり、会社自身が儲けたりした結果であり、自己が調達した資金という見方をします。
　他人資本や自己資本で調達した資金は、在庫や売上債権、固定資産などといった資産として運用している結果としてみるのです。
　このような見方は、資金の調達と運用のあり方をどうすべきかということにつながります。例えば、固定資産として運用するなら、長期の資金でないといけないことになります。
　固定資産は1年以上にわたって使用することによって、売上という収益が生まれ、資金を回収します。その固定資産を取得するのに、1年以内に返済しなければならない資金調達に頼っていたのでは、資金ショートが起きるかもしれません。固定資産を取得するなら、長期借入金などの固定負債か、自己資本で資金を調達すべきであるという考え方につながるのです。
　このような考え方を基本として、後で説明する流動比率や固定比率という、経営分析は行なわれてきていることに留意してください。

♠**資本と総資本の違いと経営分析**

　ここで、頭のこんがらがる話をします。
　自己資本とか資本というときと、総資本というときとでは、意味が変わるということです。自己資本や資本というときは、先に貸借対照表の資本として説明した、資本金や剰余金などのことをいいます。
　総資本というときは、上記の資本だけでなく、資本と負債の合計額のことをいいます。
　貸借対照表では、借方の資産合計と、貸方の負債・資本合計は一致していますから、総資本というのは、資産合計とも一致していることになります。
　経営分析では、総資本という言葉が出てきますので、自己資本と混同しないように気をつけてください。

6 貸借対照表の見方・読み方

♠「資産」をみるポイント

　貸借対照表（図表13参照）のうち、資産の側には、流動資産と固定資産があります。ときには、繰延資産というものがある場合もあります。
　これらの資産をみるときの基本は、それぞれの資産が活きたものになっているかどうかをよくみることです。活きたものとは、それが事業に活かされて、将来、資金が入ってくるかどうかということです。

【図表13　貸借対照表をみるポイント】

貸借対照表

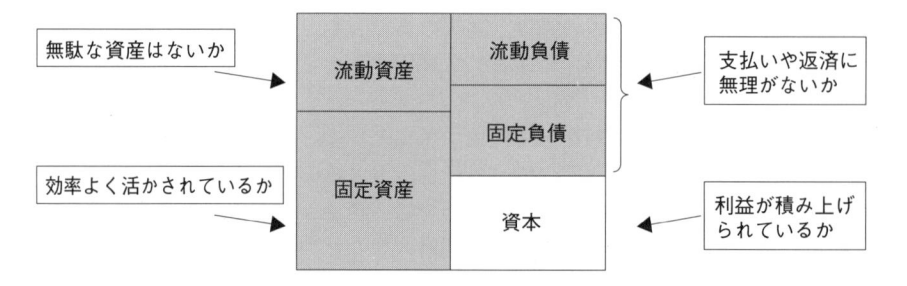

無駄な資産はないか →	流動資産	流動負債	← 支払いや返済に無理がないか
		固定負債	
効率よく活かされているか →	固定資産	資本	← 利益が積み上げられているか

♠「流動資産」をみるポイント

　流動資産には、現金や預金、売上債権、在庫、短期の貸付金などの資産があります（図表9参照）。

(1)　不良在庫

　このうちの在庫で、考えてみましょう。
　例えば、在庫の中には、古くなって到底売れないものがあります。そのような売れる見込みのない在庫は、ほんとうは資産価値はありません。将来、その在庫が販売されて、代金が回収されるという見込みがほとんどないからです。不良在庫の場合は、将来お金が入ってくるよりも、処分をするためにお金が出て行くこともあるくらいです。これでは、まったく価値はないことになってしまいます。
　この不良在庫でも、なかなか処分することができずに資産に計上されているケースが多くあります。もったいないという気持から、なかなか処分しないで

そのままおいておくためです。

そんなことをしていると、どのような影響が出るのでしょうか。

不良品だからといって、もしその在庫を資産に含めていないと、税務署からはクレームがつけられます。不良品もきちんと在庫に計上するとしても、税金を徴収するという税務署の立場からすると、その在庫の評価額は高めのものになってしまいます。

不良品の評価は、外部に販売できる金額であるというのが、税務署の立場です。しかし、会計的には、外部に販売できる金額で売ったときに、適正な利益が出るという金額が評価額として正しい金額です。つまり、税務署は、将来売れたときに利益が出ないように高い目の金額で、在庫を評価せよと要求しているわけです。一方、将来売れたときには、適正な利益が出るくらい低い目の評価にせよというのが会計の立場なのです。

税務署の立場と、会計の立場は、このように違うのですが、日本の場合、税務署の立場が強いことから、不良品の評価は、高い目にしなければならないことになってしまうのです。

さらに、古い在庫で倉庫がいっぱいになっていると、良品の在庫を置いておくスペースがなくなります。これでは、保管するための場所を無駄にしていることになりますし、売れない在庫であっても、荷崩れを起こしたりしないように管理をする必要があります。そのための管理コストが、当然のこととして必要となってきます。

不良在庫を抱えていると、よいことはないと考えるのがよいでしょう。不良在庫品は、早期に処分してしまうことが大切です。

(2) **売上債権や短期貸付金**

また売上債権や短期貸付金についても、回収可能なものかどうかをみる必要があります。売上債権や貸付金は、法律的には債権ということになりますが、これらの債権が活きた資産であるためには、契約で決められた時期に間違いなく回収できることが必要です。

最近、よくいわれる不良債権というのは、契約どおり回収することができなくなった債権のことです。世間でいわれているのは、銀行が保有する不良債権ですが、一般の会社でも、このような不良債権が増えつつあります。

得意先の倒産は、ひっきりなしに発生し、回収不能額がどんどんふくらんできているのが現状です。この傾向は、今後ますます強くなるでしょうから、債権は回収可能かどうかについて、目を見張らせておくことが大切です。

しかし、常に細心の注意を払ってみていても、貸倒れになってしまうこともあります。もし、相手先が倒産して貸倒れが発生したときは、早い目に貸倒れとして処理してしまうことが必要です。ただし、貸倒処理も、税務署の判断基準を理解したうえで行うことを忘れてはいけません。

♠「固定資産・繰延資産」をみるポイント

　固定資産や繰延資産というのは、長期にわたって使うものです。これらが活きているかどうかは、ほんとうに使うことが可能で、製造や売上に貢献しているかどうかで判断します。

(1) 不良資産

　まったく使っていない不動産や機械設備などは、不良資産になります。

　製造業などの場合、特に注意を要する点は、機械の操業度がどの程度かということです。確かに、その機械は使っていても、本来月に1万個生産できる機械で、1か月に1,000個つくっているだけという場合、その機械は、ほんとうは活かされていないといってよいでしょう。

　1万個つくれる機械で1,000個つくるときの操業度は、10％ということです。何％の操業度以下のときに問題とすべきかは、それぞれの会社の判断によります。一概に、何％以下が活きていないと断定することはできませんが、50％以下であれば、間違いなく問題が大きいと考えてよいでしょう。

(2) 繰延資産

　繰延資産という、わけのわからない資産があります。多額の研究開発を必要とする会社などでは、開発費として多額の繰延資産が計上されています。

　開発費のように、形として残っているのではないけれども、将来の売上や資金の回収に貢献できそうなものは、繰延資産として計上することができます。しかし、それもほんとうに回収が確実なときだけ計上すべきです。

　新製品の開発費の場合、将来の収益に結びつくものもあるでしょうが、失敗に終わることも多いものです。特に、まったく新しい製品の開発などの場合は、ほとんどが失敗ということもあります。ということは、開発費といっても、将来の収益などに結びつかないものも、資産として計上されていることが考えられるのです。

　このように、将来の収益などに結びつかない場合、支出したときに経費処理をして、繰延資産としないほうがよいのです。しかし、現実には、利益を出したいがために、費用として処理する金額を抑え、開発費などの繰延資産として処理することもあります。

　これらについても、ほんとうに将来、会社に貢献しそうかどうかで判断することが求められるのです。

♠「負債」をみるポイント

　負債にも、資産と同じく、流動負債と固定負債があります（図表10参照）。いずれも負債ですから、社外に資金が出て行くことになります。

　倒産が続出しているゴルフ場の貸借対照表の場合、会員からの預託金は負債に計上されていますが、この預託金は、現実的に返済は不可能なものです。本

来は、会員預託金も負債ですから、返済資金が社外に出て行くはずですが、返済ができませんので、会員預託金の返済期日が迫ると、会社を倒産させて返済しなくてもよいような状態にするしかないのです。

このゴルフ会員権の預託金のように、現実には返済されない負債もないわけではありませんが、これはごく例外的なものです。

負債の返済ができるかどうかをみるのがむずかしいのが、仕入債務です。仕入債務は、営業活動の中で決済できなければいけません。会社が営業活動の中で振り出した手形を決済することができなければ、倒産に至るのです。

営業活動で資金が回っているかどうかは、後述のキャッシュフロー計算書をみればわかります。「営業活動によるキャッシュフロー」がプラスになっているかマイナスになっているかをみるだけでよいのです。ここがマイナスで、それが数年も続いている場合は、間違いなく倒産することになります。

借入金をみるときは、毎期の返済額がどの程度になるかが重要です。それが、後述するフリーキャッシュフローの範囲内となるかどうかを見極めることが必要なのです。

負債は、その会社の能力の範囲内で、徐々に返済ができるようでなければなりません。

また、流動負債だからといっても、その金額をすべて一斉に返済することはありません。短期の借入金などであっても、返済時期には、新たに借入れをすることによって資金調達することが多いものですから、単純にその金額の返済があると考えることはできません。

流動負債が多いと、近い将来の返済額が多くみえるので気になるという社長さんも多いようです。しかし、それよりも借り換えができる状態かどうかのほうが重要です。短期借入金の期日がきたときに、新たな借入れができなければ、その会社は倒産してしまう可能性が高いからです。

負債が流動負債か固定負債かというより、会社の返済能力が高いかどうかをよくみることが大切なのです。

♠「資本」をみるポイント

資本は、株主の払込資本と過去の利益の積み重ねです。資本金が大きいほうが、対外的には安全なようにみえます。しかし、いくら資本金が大きくても、毎期の儲けがわずかである場合は、非常に危ない状態だと考えてよいでしょう。

資本金が大きいということは、それなりの設備投資を必要としてのことですから、それで儲けが少ないのは、ほんとうは、その大きな設備が活かされていない可能性があります。

大きな設備が活かされていない場合は、この先、ますます稼働率が悪くなって、赤字転落ということにもなりかねないのです。

当然のことながら、赤字が続いている会社は、資金が会社から出ていってしまうだけですから、いずれ倒産します。

今すでに赤字経営であれば、見方は簡単です。しかし、そうでない場合、赤字経営かどうかは、現在だけをみて安心しているわけにはいきません。将来、利益が出るのか、あるいは赤字に転落するのか、を今現在で見極めることが大切です。今から将来のことをみなければならないのですから、貸借対照表の金額だけで判断することはできなくなります。

そこで、今までの利益の状態がどうだったか、資金の流れがどうだったかということをみることが必要となるのです。そのために、損益計算書、キャッシュフロー計算書が、非常に重要な位置に置かれることになるのです。

♠「オメガ工業の貸借対照表」の読み方

ここで、オメガ工業の貸借対照表（図表1参照。15頁）を簡単にみておきましょう。オメガ工業は、製造部門と商社部門の二つの部門をもっていますが、メインは製造業です。

平成9年9月期の時点で、資産合計は15億7,500万円ありました。主な内容は、流動資産が10億7,400万円で、固定資産が5億円となっています。その後、資産合計は徐々に減少していきます。この資産合計のことを、総資本とも呼んでいますが、総資本がどんどん減少していく姿がみえてきます。

資産減少の要因は、現預金の減少と売上債権の減少です。オメガ工業は、売上高がどんどん減少していったため、その影響で売上債権は当然のこととして減少していきます。現預金が減少していくのは、資金繰りが苦しくなり、今まで保有していた預金を取り崩して資金の手当をするようになったからです。

一方の負債は、平成9年9月期で15億円ありました。負債もどんどん減少はしていますが、資産の減少よりは減り方が少なく、平成12年9月期には負債が資産を上回っています。つまり、債務超過に陥ったということです。

負債減少の要因も、取引量の減少による買入債務の減少です。銀行からの借入れについては、短期借入金は減少しているものの、長期借入金は反対に増えています。これは、政府系金融機関などから長期の資金を調達していったことによるものです。

資本の部は、どんどん剰余金が減少していっています。平成10年9月期には剰余金が増えていますが、それは不動産売却による利益があったためです。平成13年9月期は、剰余金（ここでは欠損金というほうが正しいのです）は、大きなマイナスとなっています。もう手の施しようがなくなって、赤字を出さざるを得なかったという現状がみえてきます。

倒産をした平成14年3月期は、今までの膿を出してしまいましたので、大幅な赤字となり、剰余金もマイナスが膨らんでいるのです。

7 損益計算書の意味と役割

♠収益・費用がわかる損益計算書

　貸借対照表が、すべての貸方と借方を比較するものだとすると、損益計算書は、その一部を表示するだけのような印象になります。たしかに、貸借対照表に記載されている資本の部の利益を計算するものというと、貸借対照表の内訳という見方ができなくもありません。

　しかし、収益と費用を借方と貸方でまとめる損益計算書は、疎かにすることはできません。会社は、営業活動をして儲けなければいけませんが、そのためには、貸借対照表の結果としての利益だけをみていたのでは何もわかりません。

　会社の営業活動によって、いくら売上があって、原価や費用がどれくらいかかり、そして利益が計上されたのかを、きちんとみないことには何もわからないのです。

　損益計算書では、その売上や費用、利益がわかるのです。

♠取引先や金融機関などから重視される損益計算書

　損益計算書によって、売上や費用がいくらで、利益が出たのかは、例えば株主で配当だけを期待する株主であっても、投資先としてほんとうに業績が順調で、今後も利益を出し続けられるのかを知らなければなりません。そのためには、売上高の推移や原価や費用の発生状況をよくみておく必要があります。

　そういう意味で、株主だけでなく、取引先や、金融機関などからも、この損益計算書が非常に重視されるのです。

　中でも特に重要なのは、売上高から売上原価、販売費及び一般管理費という費用を差し引きした営業利益です。これは、前述の貸借対照表の資産・負債・資本の内容で出てきた「営業循環」(36頁) を意味するからです。

　この営業循環によって、どれくらいの利益が出るのかが、その会社の力を示すことになります。営業循環から生み出された利益は、その他の費用をカバーしていることが、利益を出すための条件となります。

　営業循環に含めない費用の代表として、借入金などに対する支払利息があります。営業循環には、資金調達や運用は含めないことになっています。したがって、支払利息などは、毎期発生するのですが、営業外という区分で表示されています。

　ただ、支払利息などは毎期発生するものですから、毎期の利益はどれくらい出ているかという意味で、経常損益も極めて重要な位置にあります。

【図表14　資金の源泉】

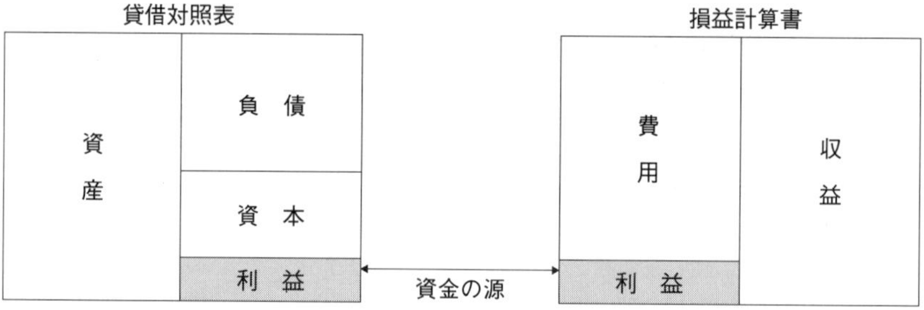

貸借対照表

資産	負　債
	資　本
	利　益

損益計算書

| 費用 | 収益 |
| 利　益 | |

資金の源

　損益計算書をみるときは、これら営業損益と経常損益がどれくらいあるかということがポイントになります。

♠貸借対照表との関係

　損益計算書は、貸借対照表とともに、基本的な決算書です。ここで、損益計算書と貸借対照表のつながりをみておきましょう。

　図表14をみていただくとわかるように、損益計算書で計算される利益は、最終的には、貸借対照表の資本の部のうちの当期損益、あるいは当期未処分利益（当期未処理損失）として表示されます。

　損益計算書と貸借対照表とは、このような関係にありますので、両者が非常に重要な決算書といえるのです。この二つの決算書をみると、会社の財政・損益状態がよくわかるといわれるゆえんです。

♠経営分析でも重要な位置を占める損益計算書

　損益計算書は、経営分析でも非常に重要な位置をしめています。まず、会社は儲かっていなければなりません。ただ、利益が出ているとしても、それがほんとうに儲かっているといえるのかどうかは、なかなかわかりません。

　ほんとうに儲かっているかどうかを知るには、その期の利益だけをみていてもわかりませんので、経営分析では、ほんとうに儲かっているかどうかをみるために、比較という方法をとります。

　その期の利益と比較する対象は、会社の過去の利益、その期の売上高や人件費などの損益計算書の項目や、総資本という貸借対照表の項目です。

　このように、経営分析では、単純に利益の額だけでなく、他と比較することによって、ほんとうに儲かっているのかどうかが判断できるようになります。

　経営分析は万能ではないということを先に説明しましたが、経営分析をしないとわからないこともあるのです。

8 損益計算書の収益・費用の内訳

♠損益計算書の六つの利益・損失

損益計算書は、収益と費用を対比させて、利益を計算するものですが、実際に損益計算書をみると、売上高からはじまって、売上原価や販売費及び一般管理費、営業外収益、営業外費用、特別利益や特別損失などが表示してあります。そして、その合間に、売上総利益、営業損益、経常損益、当期損益など、いろいろな種類の利益や損失が表示されいます。

これは、収益や費用を区分して、営業利益や経常利益などを表示して、経営などの参考にしようというものです。それらの収益と費用を、それぞれの区分ごとにまとめてみると、図表15のようになります。

【図表15 会社の活動と損益の関係】

会社の活動	収益	費用	損益
❶営業活動	売上高	売上原価	売上総利益
		販売費及び一般管理費	営業損益
❷営業外活動（主に財務取引）	営業外収益	営業外費用	経常損益
❸特別な活動	特別利益	特別損失	税引前当期損益
❹利益にかかる税金		法人税・住民税・事業税	当期損益
❺利益処分の財源計算	前期繰越損益（前期繰越損失）		当期未処分利益（当期未処理損失）

♠営業活動による損益

営業活動の基本は、売上高です。年商いくらというとき、この売上高がいくらになるかという意味です。

売上高に対応する費用として、売上原価があります。売上原価は、卸小売業の場合は、商品の仕入高が中心となります。商品は、期首にも期末にも在庫として残っていることが多いものです。

そこで、売上原価を計算するときは、次のように計算します。

> 売上原価＝期首商品棚卸高＋当期商品仕入高－期末商品棚卸高

【図表16　製品製造原価の求め方】

	材料費	＝期首材料棚卸高＋当期材料仕入高－期末材料棚卸高
	労務費	＝製造に関する人の賃金、賞与、退職金、法定福利費など
	経費	＝外注費、減価償却費、水道光熱費など
＋	期首仕掛品棚卸高	
	合計	
－	期末仕掛品棚卸高	
	当期製品製造原価	

　期首の棚卸高は、一応、すべて当期に売却されたものと考えます。そして、当期に仕入れた金額を合計します。その合計額から、期末に残った棚卸高をマイナスするのです。こう計算することによって、当期の売上高に対応する原価が計算されます。

　製造業の場合は、商品仕入高ではなく、当期製品製造原価が中心となります。製造業でも、売上原価の計算方法は、基本的に同じです。卸小売業と異なるのは、商品という呼称が製品に変わることと、当期商品仕入高が当期製品製造原価に変わることです。

　この製品製造原価というのは、図表16のような項目で構成されています。

　製品製造原価も、期首や期末の材料や仕掛品をプラスしたり、マイナスしたりして求めるのは、売上原価を求めるのと同じで、当期に製造した原価を正確に計算するために必要だからです。

　こうして計算された売上原価は、売上高からマイナスされ、売上総利益（粗利益または粗利ともいいます）が計算されます。この売上総利益の後に出てくる営業損益などの損益は、プラスになって利益ということもあれば、マイナスになって損失ということもあります。そのため、損益という言葉を使うのです。

　しかし、売上総利益だけは、必ずプラスでなければなりません。ここで、マイナスとなって、売上総損失となれば、会社の継続は不可能で、すぐに事業はストップしたほうがよいことになります。

　この売上総利益から、販売費及び一般管理費をマイナスして、営業損益が計算されます。

　販売費及び一般管理費というのは、販売員給与や営業のための旅費交通費、販売のための商品発送運賃などの販売費と、役員報酬や事務員の給与など会社全般の管理業務のための費用を合わせたものです。

　営業損益は、営業活動によって生み出される基本的な利益と考えればよいでしょう。利益の基礎は売上総利益ですが、商品の販売や代金回収やその他の管

理業務がなければ、いくらよい商品を仕入れたり、製品を製造しても、利益に結びつくことはありません。利益というのは、販売などがあってはじめて生み出されるものなのです。

販売費及び一般管理費は、そうした営業活動の基本的な活動になります。

つまり営業損益は、会社の基本的な活動から、どれだけの損益が生み出されるかを表示するものです。

このように計算される営業損益は、36頁の図表11で説明した営業循環から生じる損益ということになります。

営業循環としては、仕入から販売までが含まれると説明しました。それなら、売上高と売上原価までが、営業循環内の取引のようにも考えられます。

しかし、販売費及び一般管理費なしで、仕入や在庫の保管、そして販売という業務は成り立ちません。そういう意味から、営業循環を成り立たせるために必要な業務を完了した段階での損益が、この営業損益になります。

この営業損益こそ、会社の儲けの根幹ということができるのです。

▲営業外活動による損益

営業外活動というのは、主に財務に関するものと考えてよいでしょう。収益や費用としては、営業外収益、営業外費用という表示をします。それらの主な内容は、図表17のとおりです。

受取利息は、預金や貸付金などの利息です。受取配当金は、株式投資をしているときに受け取る配当金です。

支払利息は、借入金をしているときに支払う利息です。手形割引料は、銀行で手形を割引したとき、銀行に支払う割引料のことです。

また、その他の収益や費用がありますが、ここで表示する収益や費用は、ほぼ毎期発生するものでなければなりません。

営業損益に、営業外収益をプラスし、営業外費用をマイナスすることによって、経常損益が計算されます。経常というのは、常に一定の状態で続くということですので、経常損益というのは、通常の状態で毎期発生すると考えられる損益のことです。

営業損益までが、販売や管理までも含んだ損益ですが、会社を維持しようとすると、資金の調達が必要となってきます。この資金調達や運用の収益や費用を加味した損益が経常損益です。

資金の運用や調達による収益や費用は、前記の営業循環には含まれません。営業循環に含まれないからといって、これらの収益や費用が重要でないという意味ではありません。

資金調達ができなければ、会社を継続することができないこともあります。会社を継続するために必要なコストが、この営業外の収益や費用ということに

【図表17　営業外の損益】

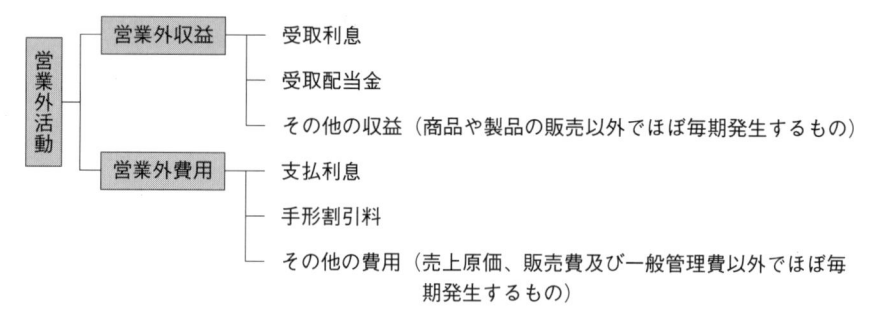

```
                    ┌─ 受取利息
       ┌─ 営業外収益 ├─ 受取配当金
営業    │            └─ その他の収益（商品や製品の販売以外でほぼ毎期発生するもの）
外活動 ─┤
       │            ┌─ 支払利息
       └─ 営業外費用 ├─ 手形割引料
                    └─ その他の費用（売上原価、販売費及び一般管理費以外でほぼ毎
                                     期発生するもの）
```

なるのです。

♠特別な活動による損益

　特別な活動というのは、通常はめったに発生しない取引のことです。例えば、不動産を売却したり、投資目的で保有していた株式を売却したりするようなことがそれに該当します。

　経常損益までの段階では、収益や費用といっていましたが、特別な活動に関するものだけは、利益や損失として表示をします。例えば、不動産を売却したとき、不動産の売却額から取得原価を差し引いた結果、売却益や売却損として計上することが該当します。

　問題があるのは、引当金の取崩しや繰入れを、特別利益や特別損失として表示しているケースです。

　これは、所得税の取扱いの影響なのです。所得税の申告書に添付する決算書では、引当金の取崩しと繰入れは、決算書の最後に表示することになっています。その影響で、会社の決算でも引当金の取崩しや繰入れを特別損益として表示することがあるのです。

　しかし、このような表示方法は、会計的にいうと間違いです。専門家といわれる公認会計士や税理士が間違った決算をしている点は問題ですが、現実にはこんな決算書が多くみられます。

　もし、このような決算書は、分析をする際には正しい決算数値に直してから、分析をするほうがよいでしょう。

　税引前当期損益は、この特別な活動による損益がプラス・マイナスされて計算されます。

♠利益にかかる税金

　税引前当期損益から、法人税・住民税・事業税といった税金がマイナスされます。これらの税金は、会社の利益（税務では所得といいます）に対して課税

される税金です。

　法人税は、国に納める税金です。住民税というのは、個人にも課税されますが、法人にも同じように課税されます。住民税の申告と納付をする先は、その会社の本店や工場、支店、営業所などの事業所が存在する都道府県と市町村です。事業税は、事業所が存在する都道府県に対し、申告と納付をします。

　ここで法人税・住民税・事業税として表示すべき額は、当期の所得に課税される額です。

　最近は、税効果会計という会計処理がされ、法人税等の調整額が損益計算書に表示されているケースが多く見受けられます。この法人税等の調整というのは、決算上の収益や費用の計上時期と、税務上の益金や損金の計上時期とがずれているとき、その調整をしようというものです。

　銀行の決算書などをみると、税引前当期利益の次に、その利益を上回る法人税・住民税・事業税が表示され、赤字になっていることがありますが、この法人税等調整額によって、再び利益が出ているという表示がなされることがあります。これは、正に税効果会計によって、利益として表現された例です。

　この法人税・住民税・事業税をマイナスして、はじめて当期損益というものが計算されます。

♠利益処分の財源

　会社の利益は、そのまま社内に留保することもありますが、配当金や役員賞与として社外に支出することもあります。社内に留保したり、配当等として支出することを利益処分といい、または損失が出ているときは損失処理といいます。

　利益処分や損失処理といっても、利益や損失をそのまま次期に繰越すのも処分や処理といいますので、必ず配当等として処分するというものでもありません。

　社外に資金が出て行く配当等については、支出できる限度額が法律で決められていますが、その範囲内なら、いくらでも配当等として支出することができます。

　配当等の財源となるのは、当期の利益だけでなく、前期から繰り越した利益や、すでに内部留保している各種積立金です。ただし、過去に内部留保していた各種積立金を取り崩すときは、株主総会で決議しなければなりません。

　損益計算書で計算するのは、その以前の当期末の未処分損益までになります。

　当期未処分損益の計算は、当期損益に前期繰越損益をプラスまたはマイナスすることによって求めます。この当期未処分利益に、各種積立金の取崩しがあれば、それらを合算して、利益処分として配当することになるのです。

9 損益計算書の見方・読み方

◆「収益」をみるポイント

　貸借対照表は、一時点の状況をみることが中心ですが、図表18にみるとおり損益計算書は、収益や費用などの推移状況をみることがポイントになります。

　推移をみるときに、もっとも重要なものが売上高です。損益計算書では、その期の売上高の内容を把握すること、そして過去から将来にかけての推移をみることが重要です。

　売上高は、順調に伸びていることが最も望まれる姿です。しかし、常に売上高が増加し続けることはありません。増加したり減少したりしながら推移することが多いと思います。増加、減少を繰り返しながらでも、徐々に売上高の水準が高くなっていくことが最も望ましい姿なのです。

　売上が増加するにしても、あまりに急激な増加があると、業績はよくなっているのですが、反対に資金繰りが厳しくなることがよくあります。

　急激な売上増加があったとき、資金繰りが苦しくなるのは、売上高の水準が高くなると、事業に必要な資金量が急激に増えるからです。それまでの低い水準で準備できている資金量では、規模が大きくなった資金量を賄うのが厳しくなるからです。

　反対に、急激な売上減少は、当然のことながら資金面は厳しくなります。それまでの取引による支払いを、少なくなった取引から生み出される資金で賄わなければならないからです。

　資金を担当するものとしては、売上高は、緩やかに増加するときが、最も望ましい状態といえるのです。

【図表18　損益計算書をみるポイント】

損益計算書

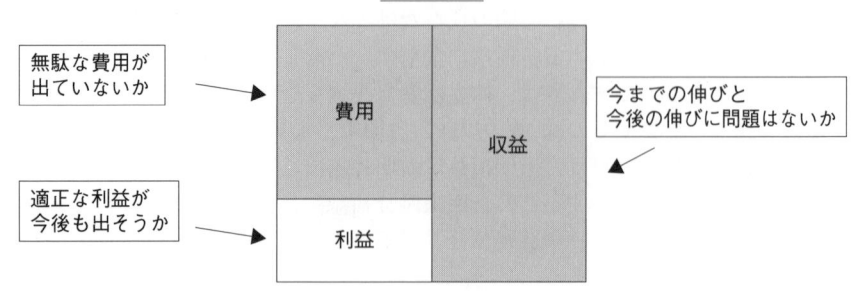

- 無駄な費用が出ていないか → 費用
- 今までの伸びと今後の伸びに問題はないか → 収益
- 適正な利益が今後も出そうか → 利益

♠ 「費用」をみるポイント

　費用は、無駄なものがないかどうかをチェックすることがポイントです。ただし、損益計算書では、売上原価や販売費及び一般管理費として、費用をまとめて表示してしまうので、費用がどのような内容になっているかがわかりません。無駄がないかどうかをみようとすれば、製造原価や販売費及び一般管理費の内訳を詳しくみることが必要です。

　ただ、費用はそれだけをみていても、無駄があるかどうかがわからないことが多いものです。そこで、比較ということが大切になってきます。

　比較をする対象は、過去の費用の発生額や、売上になります。費用は、売上の変動に合わせて変化する変動費と、売上の変動には関係なく発生する固定費とがあります。過去の推移や現在の売上高と比較するにも、その費用が変動費なのか固定費なのかを考えながらみることが必要です。

　変動費の主な内容というのは、商品や原材料の仕入高や外注加工費などです。固定費は、人件費や減価償却費などで、一般管理費のほとんどは固定費と考えてよいでしょう。

♠ 「利益」をみるポイント

　利益は、収益から費用を差し引きしたものです。いろいろな利益がありましたが、最もみやすいのは売上総利益です。これは、粗利といわれることもあります。この売上総利益の売上高に対する比率を、売上総利益率といいますが、これは、ほぼ一定の水準で推移することが多いものです。

　売上総利益率が大きく変動しているときは、取引の内容に大きな変化があったことを示します。したがって、どのような変化があったのか、その内容をチェックすることが重要となってくるのです。

　それ以外の利益、つまり営業損益や経常損益は、利益そのものをみてどうこうすることはないでしょう。利益よりも、むしろ販売費及び一般管理費や営業外の収益・費用などの発生状況をみることのほうが重要です。

　特別損益の部では、固定資産の売却損益などが表示されます。会社の業績が苦しい場合は、ここをみていると、その苦しさが何となくわかってきます。

　特別損益には、固定資産売却損益など、通常では発生しない利益や損失を計上することになっています。

　ところが、経常損益をよくしたいために、固定資産の売却益などを、営業外収益の中に含めていることもあります。もし、このようなことをしていると、営業外収益が、その期だけ異常に膨れあがっていることがあります。

　営業外収益や費用をみるときは、本来は特別損益として計上すべきものが含まれていないかどうか、気をつけてみることが必要なのです。

　当期損益をみるときは、税引前当期損益と法人税等とのバランスをみておく

ことが必要です。

　税引前当期損益が、毎期プラスであれば、法人税等の額は、ほぼ税率どおりの割合で計上されるはずです。法人税等の率は、現在では、約40％となっていますが、以前は50％を越えていることもありました。

　ただし、交際費のように決算では費用としていても、法人税の取扱いでは税法上の費用である損金にならないというものがあります。損金にならない費用が多い場合には、税引前当期損益に対し、60％とか70％の法人税等が計上されていることもあるはずです。

　税引前当期損益と法人税等のバランスがおかしいときは、何か税務上の問題があったと考えてよいかもしれません。

♠「オメガ工業の損益計算書」の読み方

　オメガ工業の損益計算書（図表2参照。16頁）をみると、社長や社員に対し、ほんとうに気の毒なような気がします。

　まず、売上高はどんどん減少しています。なすすべがなかったとでもいうべきなのかもしれませんが、何の手立てもなかったのかと思われるくらい、見事に売上が減少しています。

　オメガ工業では、人員整理なども行っていましたが、販売費及び一般管理費をみる限り、あまり大きな減少はありません。そのため、売上減少の影響がまともに営業損益に反映されています。平成9年9月期だけは、1,000万円台の赤字ですが、それ以後は赤字が5,000万円を下回ることはありませんでした。

　経常損益の段階では、ほぼ同じことがいえるでしょう。特に、支払利息の負担は、金利が低下していた時期にも関わらずあまり増減がないところから、借入金への依存体質が強まっていったことがわかります。

　特別利益が、平成10年9月期と平成11年9月期に計上されています。これらは、不動産などの固定資産を売却して利益が計上されたものです。

　法人税等は、平成11年9月期以降計上されていません。本来は、ここに住民税の均等割額が計上されるべきです。住民税の均等割額というのは、資本金などの額や従業員数などで決定され、赤字でも関係なく課税されるものです。

　本来は、法人税等として計上されるべきものがされていないのは、この住民税の均等割額は、販売費及び一般管理費の中で処理をされているためです。

　当期未処分損益は、次年度には前期繰越損益として引き継がれるものです。ところが、オメガ工業では、前期の未処分利益と次期の前期繰越損益の額が変わっているところがみられます。これは、過去に内部留保していた積立金を取り崩し、赤字補填をしたためです。ここにも、経営の苦しさがにじみ出ているように思われます。

10 キャッシュフロー計算書の意味と役割

♠資金の動きがわかるキャッシュフロー計算書の登場

これまでは、決算書の中心は貸借対照表と損益計算書でしたが、近年になって、キャッシュフロー計算書が加えられ、証券取引法の適用を受ける会社に対して、キャッシュフロー計算書の公表が義務づけられています。

従来は、資金の動きを表示する資金移動表で分析が行われてきましたが、キャッシュフロー計算書が導入されてからは、導入企業についてはわざわざ資金移動表を作成しなくてもすみますから、外部からその会社の情報を知りたいと思う者にとっては非常に楽になりました。

♠キャッシュフローの健全性の判定

会社が倒産するのは、赤字になるからではありません。逆に利益が出ていても、会社は倒産することがあります。

なぜ、こうしたことが起こるのでしょうか。会社は、資金（キャッシュ）の流れ（フロー）が悪くなれば、支払いに必要な資金を賄いきれなくて支払不能となり倒産します。しかし損益計算書に表示される利益が出なくなるだけでは倒産はしないのです。

この利益がでなくても倒産しない原因の一つは、損益計算書に記載される減価償却費にあります。減価償却費は、過去に設備投資をした費用の一定額を毎期費用として分割計上して処理するものです。

損益計算書で減価償却費として処理するときには、直接お金は出ていきません。損益計算書が赤字であっても、減価償却費があるために赤字になっている場合は、その部分についてはお金が出ていくわけではありませんので、その分は資金の面では何とか回ることになるのです。

逆に、損益計算書では、黒字になっているのに、販売代金がなかなか回収できなかったり、仕入れた在庫をなかなか販売できないときには、入ってくるお金は少なく、出て行くお金ばかりが多くなり、非常に苦しいものとなります。そこに、借入金の返済や税金の支払いが重なると、利益が出ていても、資金が不足し倒産ということもあり得るのです。

そこで、会社が倒産しないかどうかをみるためには、キャッシュフローの健全性を判定する必要があります。それを簡単にわかるようにしたものが、キャッシュフロー計算書です。

11 キャッシュフロー計算書の三つの資金の内訳

♠ キャッシュフロー計算書の三つのキャッシュフロー

キャッシュフロー計算書は、読んで字のごとく、資金（キャッシュ）の流れ（フロー）を表示する計算書です。

ここでいう資金とは、現金預金や有価証券などを意味します。例えば、定期預金は預金ではありますが、銀行に拘束されているような場合は、資金には含めません。逆に、債券などは現金や預金ではありませんが、短期的に売買をしていて、いつでも資金として利用できる場合は、資金に含めることができます。

キャッシュフロー計算書は、この資金の流れを表示するものですが、その表示は、次のような三つの大きな区分に分けて行います。

(1) 営業活動によるキャッシュフロー
(2) 投資活動によるキャッシュフロー
(3) 財務活動によるキャッシュフロー

キャッシュフロー計算書は、資金の流れをみるのに非常に有用なものです。これをみれば、一目瞭然、その会社の資金の流れがわかります。

♠ 営業活動によるキャッシュフローとは

営業活動によるキャッシュフローというのは、営業活動そのものから生み出されるキャッシュフローです。

【図表19　資金と損益で差が出る要因】

要　因	説　明
❶減価償却費や引当金の繰入れ	これらは資金が社外に出ていくことはありませんが、損益計算書では費用として表示されています。
❷買入債務の増減	商品や材料の仕入代金の未払額ですが、期首と期末を比較して、これが増加しているときは、資金は入ってきたことになります。 逆にこれが減少しているときは、その代金の支払いとして資金が出ていったことになります。
❸在庫・売上債権の増減	在庫や売上債権が、期首と比べて増加しているときは、それだけ資金の回収ができていないということになります。また、逆に期首と比べて減少しているときは、回収が進んだということになります。

キャッシュフロー計算書でいう営業活動とは、損益計算書でいう営業損益ではなく、主業務として行っている業務全般を意味します。
　したがって、キャッシュフロー計算書で営業活動というときは、受取利息の入金や、支払利息の支払いも含めます。そういう意味で、損益計算書の経常損益の状態と考えてよいでしょう。
　さらに、損益計算書と異なるのは、税金の取扱いです。損益計算書で計算される利益を基礎として、法人税等が課税されます。損益計算書では、税引前当期利益の次に法人税等として、最後に表示されます。
　ところが、キャッシュフロー計算書では、その税金の支払いも、営業活動に含めて計算することになっています。
　営業活動によるキャッシュフローで、損益計算書と異なるところは以上ですが、資金と損益で差が出るのは、図表19のような要因があります。
　このようにして計算されるキャッシュフローが、営業取引によるキャッシュフローで、その会社の中心的なキャッシュフローということになります。

♠投資活動によるキャッシュフローとは
　投資活動によるキャッシュフローというのは、固定資産への投資や、投資有価証券などへの投資による支出、さらにそれらの売却による収入を記載する区分です。
　投資活動は、事業を継続させるために、絶対不可欠なものです。古い経営者の中には、固定資産への投資については、「耐用年数が過ぎて償却が終わってから利益が出るので、できるだけ設備投資は抑えておいたほうがいい」という方がいます。
　たしかに、経済全体の動きがゆっくりしていて、急激な変化がないときは、そのような考えでも特に問題がなかったかもしれません。しかし、現在は、経済の変化が急激に起こります。今日、順調に売れているかと思うと、明日には、その売上が止まってしまうくらいの急激な変化が起こっているのです。
　そのような経済環境の中で、いつまでも同じ設備だけで事業を続けていくことは、結局、その設備に縛られて経済の変化についていけなくなることにつながります。
　そういう意味で、常に設備投資は必要です。卸小売の会社でも、コンピュータや事務所の内装や設備など、こまごまとしたものになるかもしれませんが、設備投資は常に必要なのです。これを怠ると、時代の流れからとり残され、倒産への道をひた走るということになりかねません。

♠借入金返済能力が表れるフリーキャッシュフロー
　設備投資は、毎期行うべきものです。しかし、キャッシュフローの基本は、

【図表20　資金の流入と流出】

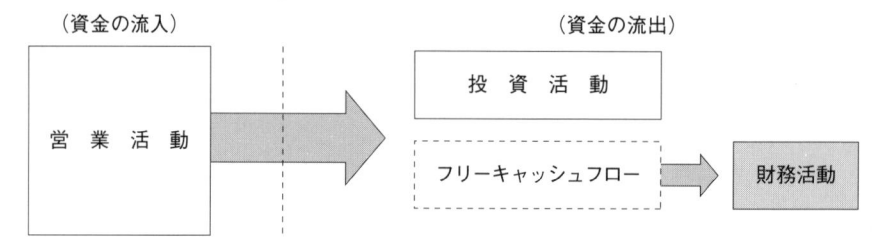

（資金の流入）　　　　　　　　　　　（資金の流出）

営業活動 → 投資活動／フリーキャッシュフロー → 財務活動

営業活動によるキャッシュフローですから、設備投資はその範囲内で行うべきです。

　営業活動によるキャッシュフローは、プラスの数字で会社にお金が入ってくる必要があります。その範囲内で設備投資が行われ、通常は、設備投資の資金が出ていくことになります。

　営業活動も設備投資も、毎期継続して行うべきものです。そこで、この営業活動によるキャッシュフローから投資活動によるキャッシュフローをマイナスしたものを、フリーキャッシュフローと呼んでいます。毎期の営業活動と設備投資をした後で残る資金ということです。

　このフリーキャッシュフローが、借入金の返済財源となりますので、会社の借入金返済能力は、フリーキャッシュフローに表れてくるのです。

　ただし、投資活動によって出て行く資金はマイナスになりますので、ちょっと大きな設備投資があると、フリーキャッシュフローがマイナスになることがあります。フリーキャッシュフローが単年度でマイナスとなることがあっても、投資後にはプラスになるようなら、まったく問題がないことになります。

♠財務活動によるキャッシュフローとは

　財務活動というのは、借入れをしたりその返済をしたりすることが中心になります。それ以外に、増資や減資による資金の出入りや、配当金の支払いなどが含まれます。

　財務活動の中で重要なのが、借入金の返済です。この返済に問題がないかどうかが、非常に重要となってきます。フリーキャッシュフローの中から、借入金の返済は行われます。したがって、会社の適正な借入金は、フリーキャッシュフローの範囲内で十分返済できる借入金ということになります。

　現在の借入金残高と、その返済予定額をみて、今後発生するフリーキャッシュフローとの比較が重要です。毎期、確実にフリーキャッシュフローの範囲内で返済ができるとは限りませんが、できるだけ、そうなるような資金の管理が必要です。よく管理できたよい資金の流れというのは、図表20のようになります。できるだけ、このようになるよう努力する必要があるのです。

12 キャッシュフロー計算書の見方・読み方

♠「キャッシュフロー全体」をみるポイント

　キャッシュフロー計算書は、先にも説明したように、三つの区分に分けられています。よい流れというのは、①営業活動で資金が生み出され、それが②投資活動、③財務活動へ流れているものです。

　キャッシュフロー計算書は、その三つの区分における資金の流れを、期首の資金残高にプラスまたはマイナスすることによって、期末の資金残高を計算することになっています（図表21参照）。

　キャッシュフロー計算書をみるときは、できるだけ大雑把にみるほうがよいと思います。細かい点に注意することも大切ですが、それよりも大雑把な資金の流れがどうなっているのかに目を向けるべきだからです。

　まず、営業活動のキャッシュフローがプラスになっているかどうか、この点が問題です。そして、設備投資や財務活動へと資金が流れているのかどうか、このような大きな資金の流れをつかむことが大切です。

　実際のキャッシュフロー計算書をみると、そのような流れになっていないこともあります。その場合は、それぞれの区分の内容について検討をするのです。資金が、主にどこから入ってきて、どこへ流れていったかをみるためには細かいチェックが必要となります。

【図表21　キャッシュフロー計算書をみるポイント】

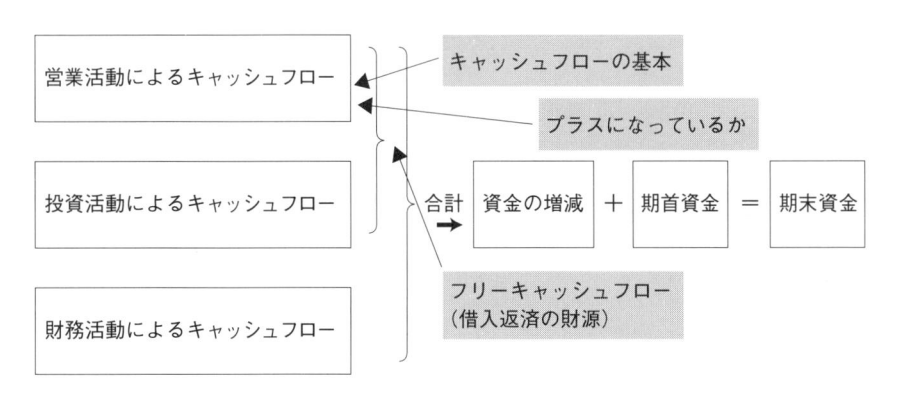

営業活動によるキャッシュフロー	← キャッシュフローの基本
	← プラスになっているか
投資活動によるキャッシュフロー	合計 → 資金の増減 ＋ 期首資金 ＝ 期末資金
財務活動によるキャッシュフロー	フリーキャッシュフロー（借入返済の財源）

♠「営業活動によるキャッシュフロー」をみるポイント

　営業活動でプラスになっているときは、その内容について神経質になる必要

はないと思います。営業活動でプラスのときは、内容よりも、ここで生み出された資金が、どこへ流れていったかをみるほうがよいのです。

もっとも、営業活動がプラスの場合でも、金額が徐々に減少してきているときは、じっくりと内容をみておくことが必要です。

営業活動で入ってくる資金が減る一番の原因は、利益が少なくなっていることです。まず、「利益ありき」だということを頭に入れておいてください。

単年度だけ、営業活動から入ってくる資金が少ないときは、在庫が増加していたり、売上債権が増加していたりというようなことがあります。また、逆に買入債務が減少しているときも、資金はマイナスになります。

このような在庫、売上債権、買入債務などが、資金に影響を及ぼすときは、大きな増減があったときです。これらに大きな増減があるときは、何らかの取引上の変化があったと考えてもよいでしょう。単に、資産や負債が増加したり、減少したりというのではなく、その前にあるほんとうの姿である取引自体が大きく変わった可能性を探ることが大切になります。

営業活動によるキャッシュフローがプラスではなく、もし、マイナスになっている場合は、真剣に内容を検討してみる必要がありますが、この状況のほとんどの場合、利益もマイナス、つまり赤字決算になっているはずです。

このようなときは、在庫や売上債権、買入債務などの増減を云々しているときではありません。会社が利益体質になっていないことが、最も大きな問題となるのです。

資金が不足するのは、利益が出ないためだとするなら、何が何でも利益が出るように、会社そのものを変えなければなりません。

最近キャッシュフロー経営などといわれていますが、キャッシュフローだけをみていて、それが改善されることはありません。あくまで、売上による利益があって、はじめて資金も改善されるのです。売上軽視のまま、資金の面だけをよくしようとしても、それは所詮無理というものです。

資金の流れが悪いため、流れをよくしたいときは、売上と利益に原因があるのです。この場合は、キャッシュフロー計算書より、損益計算書の分析をもっとすべきということになります。

♠「投資活動によるキャッシュフロー」をみるポイント

投資活動は、毎期行うことが必要です。特に有形固定資産への投資は、不可欠です。ですから、投資を何年もしていない会社は、近いうちに行き詰まる可能性が高いと考えておくべきだと思います。

投資の中には、有形固定資産だけではなく、有価証券や貸付金などへの投資も含まれます。これらの有価証券などへの投資は、毎期出てくるとは限りません。金融機関でない限り、有価証券や貸付金が、必ず毎期発生するということ

はありません。

有形固定資産や有価証券などへの投資については、それが過大投資でないかどうかということに気をつけながら、検討することが必要です。

特に、有形固定資産への投資では、それが過大かどうかは、なかなか判断が難しいものです。大規模な事業転換を図ろうとするときは、過去の業績からすると過大すぎる投資であるようにみえることもあります。しかし、過大すぎるようにみえる投資であっても、投資後の収益予想とのバランスを考えると、決して過大ではないこともあります。

逆に、そんなに大きな投資でもないのに、過大投資となる可能性もあります。投資後の収益予想が無茶なもので、ほとんど実現性のない収益予想を立てて投資をするようなケースです。ひどいのになると、投資後にどれくらい収益があがるかも検討せずに、投資が行なわれることがあるくらいです。

よくある事例でいうと、スーパーの店舗として空きがあったから、スーパーを出店させようというようなときです。出店となると、当然、大きな設備投資が必要となります。しかし、出店後の売上計画がまったくないこともありうるのです。現実に「これくらいの売上があるだろう」程度で、出店することが結構あるようです。

実は、空き店舗になっているスーパー用店舗は、立地条件として難しい面があるから、空きになっているのです。そこに、過去のその店舗での販売実績や顧客のことを検討せず、空いていて家賃が安いからということで出店しているようでは、やる前から失敗をしているようなものです。

このような場合は、金額的には、決して大きな投資でなくても、過大投資といわざるを得ません。

過大投資かどうかは、その金額で決まるのではなく、その後の資金回収とのバランスで考えなければならないことを理解してください。

♠「財務活動によるキャッシュフロー」をみるポイント

財務活動では、資金が入ってくることも、出て行くこともあります。

借入金や資本金の増減がここに含まれます。設備投資などで資金が必要なときは、借入をしたり、増資をしたりして資金調達をすることがありますが、このときは、資金は入ってきます。

資金が入ってくるときは、設備投資などへの資金調達であるなら、その設備投資の内容が妥当なものかどうかで、その資金調達の適否を判断することができます。

設備投資がないにも関わらず、資金調達していることもあります。このようなケースは、営業活動で資金がマイナスとなり、そのマイナスを補填するために借入れをしているときです。これが一時的なものであれば、特に大きな問題

とはならないかもしれませんが、数期間も続くようなら問題にすべきです。
　このような状態が続くということは、資金面においては、成り立たない状態になっていることを意味します。これは、倒産の一歩手前にある状態と考えるべきです。
　通常は、財務活動では、借入金の返済があるだけということが多いでしょうから、ここでは資金が出て行くものと考えられます。
　このときは、繰り返し説明しているように、その返済額がフリーキャッシュフローの範囲内かどうかで適否を判断することができます。
　フリーキャッシュフローの範囲内の返済であれば問題はないかもしれません。もし、それを超えている返済をしているようならば、返済条件について銀行との交渉が不可欠となります。

♠「オメガ工業のキャッシュフロー計算書」の読み方
　オメガ工業の場合、図表3（17頁）の営業活動によるキャッシュフローは、平成9年9月期以降常にマイナスとなっています。
　税引前当期利益が常にマイナスですから、当然といえる状態です。平成10年9月期だけ、税引前当期利益はプラスになっていますが、これは固定資産の売却益があったためで、固定資産の売却益を除くと、営業外活動によるキャッシュフローは、やはり大きなマイナスです。
　この営業活動によるキャッシュフローを改善するためには、先ほどもいったように、売上を回復させて利益が出るような状態にすることが必要です。キャッシュフローだけにこだわっていても、何も解決しないのです。
　投資活動では、平成10年9月期は、固定資産の売却がありましたので、資金面でプラスとなっています。その他の年度は、毎期マイナスとなっており、設備投資を継続して行なっていることがわかります。設備投資をしているというのは、何らかの改善をしようとしているので、よいことになります。
　問題は、この設備投資が過大投資にならないかどうかです。これについては、後で検討することにしますが、結論をいうと、売上が回復するような投資でなかったわけですから、過大投資になると考えてよいでしょう。
　財務活動では、常に借入金の返済があります。ほとんどの期で、フリーキャッシュフローは大きなマイナスとなっています。結局、この借入金の返済は、フリーキャッシュフローを財源とするのではなく、手持預金を財源として行われていたことになります。
　キャッシュフロー計算書をみるだけで、いろいろなことがわかります。ですから、あまりこれを分析する必要がないともいえます。

③ 経営分析の分析項目・計算式・読み方

　いよいよ、これから経営分析の中身に入ります。まず、一般的には、経営分析としては、どのようなことが行われ、それぞれをどのように読むこなすかを知る必要があります。
　そこで、TKC経営指標の経営分析項目・計算式をもとに一般的な経営分析の仕方・読み方・活かし方について説明します。

1 経営分析の項目と体系

♠TKCの経営分析の項目と体系
TKCでは、次の6項目に区分して経営分析項目を定めています。
(1) 収益性分析
(2) 生産性分析
(3) 安全性分析
(4) 債務償還能力分析
(5) 成長性分析
(6) 損益分岐点分析

　このTKCの経営分析の体系に沿って、以下の説明をしていきます。

♠TKC経営指標の経営分析項目と体系
経営分析の項目と体系は、図表22〜27のようになっています。

【図表22　収益性分析の項目】

収益性
① 総資本営業利益率（％）
② 総資本経常利益率（％）
③ 自己資本利益率（税引前）（％）

$$\frac{利益}{資本} = \frac{売上高}{資本} \times \frac{利益}{売上高}$$

資本回転率
④ 総資本回転率（回）
⑤ 総資本回転期間（日）

売上高利益率
⑱ 売上高営業利益率（％）
⑲ 売上高経常利益率（％）

原因分析（回転期間）

資産
⑥ 流動資産（日）
⑦ 現金・預金（日）
⑧ 売上債権（日）
⑨ 棚卸資産（日）
⑩ その他流動資産（日）
⑪ 固定・繰延資産（日）
⑫ 有形固定資産（日）

負債
⑬ 流動負債（日）
⑭ 買入債務（日）
⑮ 買入債務（支払基準）（日）

資本
⑯ 固定負債（日）
⑰ 自己資本（日）

原因分析（原価要素別）対売上高比率
⑳ 売上総利益率（％）
㉑ 材料費（％）
㉒ 労務費（％）
㉓ 外注加工費（％）
㉔ 経費（％）
㉕ 販売費・一般管理費（％）
㉖ 販管人件費（％）
㉗ 営業外収益（％）
㉘ 営業外費用（％）
㉙ 支払利息割引料（％）

【図表23 生産性分析の項目】

生産性	人的生産性		労働生産性	㉜ 1人当り加工高(粗利益)(月)(千円)
				㉞ 労働分配率(限界利益)(%)
	物的生産性		設備生産性	㉛ 加工高(粗利益)比率(%)
				㊲ 加工高設備生産性(%)

$$\left(生産性 = \frac{生産高}{ヒトまたはモノ}\right)$$

原因分析	基礎資料	㉚ 1人当り売上高(月)(千円)
		㉝ 1人当り人件費(月)(千円)
		㊳ 1人当り経常利益(月)(千円)
		㉟ 1人当り総資本(千円)
		㊱ 1人当り有形固定資産(千円)

【図表24 安全性分析の項目】

安全性	流動性		流動性	㊴ 流動比率(%)
				㊵ 当座比率(%)
				㊶ 預金対借入金比率(%)
	資本調達の健全性		資本調達の健全性	㊷ 借入金対月商倍率(月)
				㊸ 固定比率(%)
				㊹ 固定長期適合率(%)
				㊺ 自己資本比率(%)
				㊼ 実質金利率(%)
	収支の健全性		収支の健全性	㊻ 経常収支比率(%)

【図表25 債務償還能力分析の項目】

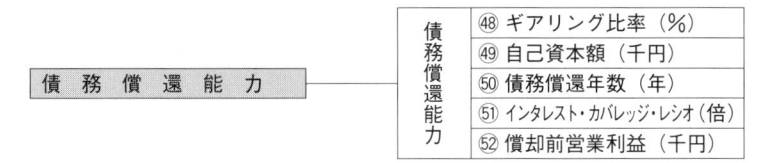

債務償還能力		債務償還能力	㊽ ギアリング比率(%)
			㊾ 自己資本額(千円)
			㊿ 債務償還年数(年)
			(51) インタレスト・カバレッジ・レシオ(倍)
			(52) 償却前営業利益(千円)

〔図表26 成長性分析の項目〕

成長性	売上高成長性		�53 対前年売上高比率(%)
			�54 経常利益増加額(千円)

【図表27 損益分岐点分析の項目】

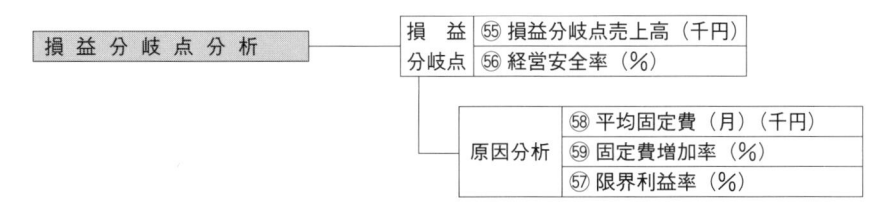

損益分岐点分析		損益分岐点	�55 損益分岐点売上高(千円)
			�56 経営安全率(%)

	原因分析	�58 平均固定費(月)(千円)
		�59 固定費増加率(%)
		�57 限界利益率(%)

①経営分析の項目と体系

2 会社の儲ける力を判定する「収益性分析」

◆会社の儲けはどこでみるか

　会社が儲かっているかどうかをみるには、いろいろな方法があります。

　よく話題になるのは、年商何億円というような売上だけでみる方法です。売上規模だけでは、ほんとうに儲かっているどうかはわかりません。売上が大きくても、赤字ということがあるからです。

　それならば、儲けで判断することも一つの方法です。例えば、儲けを表す代表例として、法人税の申告所得で順位をつけるなどが行われています。しかし、法人税の申告所得などの儲けの額だけで順位をつけるとすると、年商が大きいほうが有利になります。年商1兆円の企業と、年商1億円の企業では、自ずから利益の金額は変わってくるのです。

　このように儲けの絶対額だけで、会社が儲かっているかどうかを判断することはできないのです。

◆会社の儲ける力を示す総資本利益率

　絶対額で儲けを判定することは、会社の過去の歴史をみるときには必要かもしれませんが、会社がほんとうに儲かっているのかどうかをみようとするときには、相対的な見方が必要です。

　相対的な見方というのは、利益を利益以外の何かと比較して判断するということです。

　利益と対比するものに、一般的に使われるのが総資本です。総資本というのは、貸借対照表でいうと、資産合計であり、負債・資本合計のことでもあります。

　損益計算書では、売上総利益、営業利益、経常利益、当期利益などいろいろとありますが、一般的には、経常利益を使います。経常利益というのは、毎期の通常の業務で発生する利益という意味です。

　利益と資本を対比させる場合、総資本経常利益率という比率を算出します。

　この比率は、預金の利率と同じように考えることができます。

　総資本とは、その事業に注ぎ込んだお金のことです。例えば、1億円のお金を

$$総資本経常利益率 = \frac{経常利益}{総資本}$$

注ぎ込んで、1,000万円の利益が出たとすると、総資本経常利益率は10％になります。この比率は、預金利率のようなものですから、高いほうがよいのです。

経常利益の代わりに営業利益を使うと、総資本営業利益率になります。
　総資本営業利益率は、総資本を使って営業から生み出される、ベースとなる利益としての営業利益がどの程度生み出されているかをみるものです。
　この総資本営業利益率は、会社の儲ける力を示すもので、基礎体力を示しているとも考えられます。しかし、これだけでは、最終の利益がどうなるかわかりません。日本の会社は、銀行からの借入れによって資金調達することが多いからです。
　その借入金に対する支払利息も考慮する必要があるため、TKCでは、総資本経常利益率に重点をおいて分析するようにしています。

♠総資本経常利益率の分解

　総資本経常利益率は、預金利率のようなものですが、それだけをみていても、良いのか悪いのかがわかるだけで、何が原因で良くなっているのか悪くなっているのかはわかりません。
　そこで、この計算式を分解してみます。

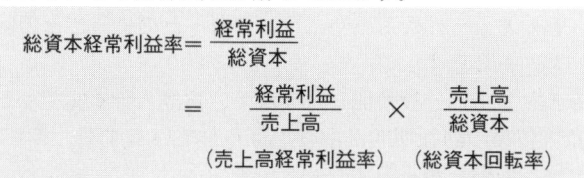

$$総資本経常利益率 = \frac{経常利益}{総資本} = \underbrace{\frac{経常利益}{売上高}}_{(売上高経常利益率)} \times \underbrace{\frac{売上高}{総資本}}_{(総資本回転率)}$$

　総資本経常利益率は、売上高経常利益率と、総資本回転率に分解できます。
　売上高経常利益率は、売上高に対して利益がどの程度出ているかをみるもので、比率が高いほうが利益が出ていることを表します。
　年商だけで比較できないとしても、売上に対する利益の割合を出すことによって、会社が儲かっているかどうかが判定できます。
　総資本回転率は、投資した総資本を、１年間で何回売上高として回収しているのかをみるものです。
　例えば、3,000万円の資金を注ぎ込んで商品を買い、それが１年間で３億円の売上になったとしたら、回転率は10回ということになります。同じく3,000万円の資金を注ぎ込んでも、売上高が3,000万円しかないときは、回転率は１回ですから、投資効率は悪いということになります。
　会社では、在庫だけで事業をすることはできません。土地や建物の不動産や、機械などの設備への投資も必要でしょう。また、売上を計上しても回収するまでの間は、売上債権などが資産として残ってきます。それらの個々の資産の合計と、売上を比較することが必要となります。
　一般的には、回転率で比較することが多いのですが、ＴＫＣでは、回転期間（日）を採用しています。

回転率というのは、年間に総資本が何回転するかを意味します。この数値は高いほうがよいのです。

$$回転率 = \frac{売上高}{総資本}$$

$$回転期間 = \frac{売上高}{総資本} \times 365$$

回転期間というのは、総資本は何日分の売上に相当するかを意味します。この場合の数値は低いほうがよいのです。早く資本が回収できるからです。

ＴＫＣでは、回転率を使わずに回転期間を使います。事業をしている人にとっては、何回転というより、何日分の売上に相当するかというほうが、直感的に総資本の規模を把握しやすいためです。

♠それぞれの比率の意味

総資本の回転期間の明細として、流動資産以下の回転期間が示されています。これは、単に総資本の回転期間といっても、何が原因でそうなっているのかがわからないからです。

在庫が多いために回転期間が長くなっているのか、固定資産が多くてそうなっているのかなどが、わかるようになるためには、それぞれの資産ごとの回転期間を計算してみる必要があります。

総資本を構成するものとしては、資産側だけでなく、負債・資本側でみることも必要です。特に買入債務の回転期間が取り上げられていますが、これは、正味運転資金をみるときに必要だからです。

正味運転資金は、次のように表示されます。

正味運転資金＝売上債権＋棚卸資産－買入債務

正味運転資金は、営業循環内にある資産や負債の項目です。正味運転資金が多いということは、営業活動の中で滞留する資金が多いことを表しています。また、これが少ないときは、効率よく資金が流れていることを表すことになります。

売上高利益率は、利益ごとに売上総利益率からはじまり、売上高に対する材料費から支払利息割引料までの比率が表示されます。

経常利益までの利益としては、売上総利益、営業利益がありますが、経常利益率がどのような水準かどうかをみるためには、①売上総利益率が高いか低いか、②販売費及び一般管理費が多いのか少ないのか、③営業外の損益が多いのかどうかをみる必要があるのです。

このように、重要な項目が売上高との対比で表示されるようになっています。

3 「収益性分析」の計算式と使用上の注意点

◆収益性分析の計算式と使用上の注意点
収益性分析の計算式と使用上の注意点は、図表28〜30のとおりです。

◆総合指標の計算式
企業の収益性は、企業が調達し、経営に投下した資本の運用効率を示す資本利益率によって総合的に評価されます。

総合的な評価でも、会社全体を評価する総資本利益率と、株主の立場から評価する自己資本利益率があります。

総合指標の計算式と使用上の注意点は、図表28のとおりです。

【図表28　総合指標の計算式と使用上の注意点】

No.	計　算　式	使用上の注意点
1	総資本営業利益率（％） $=\dfrac{営業利益}{総資本}\times 100$	総資本営業利益率は、他人資本を含めた総資本の運用効率を、企業の営業活動によって得た利益に限定して判断するものです。 他人資本の調達費用及び投下資産の運用益が除外される点が問題とされます。理論的には分母を経営資本に限定するのが正しいのです。
2	総資本経常利益率（％） $=\dfrac{経常利益}{総資本}\times 100$	総資本経常利益率は、総資本の運用効率を臨時異常な期間外損益を除外した経常利益で判断するもので、総合的な収益力の指標として最適のものです。
3	自己資本利益率（税引前）（％） $=\dfrac{税引前当期利益}{自己資本}\times 100$	自己資本利益率は、調達資本を自己資本に限定し、期間外損益を含めた税引前利益をこれと対比して、企業所有者の立場から収益力を判断するものです。 なお、総資本利益率と自己資本利益率の関係を示すと、次のようになります。 $\dfrac{利益}{総資本}=\dfrac{自己資本}{総資本}\times\dfrac{利益}{自己資本}$ （総資本利益率） ＝（自己資本比率）×（自己資本利益率）

◆資本回転率の計算式
企業に投下された資本は、生産、販売などの事業活動に投入され、売上によ

って回収されます。その回収速度を示すものが資本回転率であり、企業の事業活動量を端的に示す指標です。

その計算式と使用上の注意点は、図表29のとおりです。

【図表29　資本回転率の計算式と使用上の注意点】

No.	計算式	使用上の注意点
4	総資本回転率（回） $= \dfrac{純売上高}{総資本}$	総資本回転率は、投下総資本が何回回転したかを示し、この数値は販売活動の活発さを表すものとして、活動性指標と称されることもあります。 　この総合的な資本回転率は、売上高利益率と関連して、収益性指標の骨格を構成しています。
5	総資本回転期間（日数） $= \dfrac{総資本}{純売上高} \times 365$	総資本回転期間は、4の総資本回転率を裏から表したもので、総資本が1回転するのに要した期間、換言すれば総資本分の売上を回収するのに要した期間を日数換算したものです。 　この日数は、総資本（＝総資産）を構成する勘定科目別に分解して計算することにより、さらに一層きめの細かい分析ができます。 　6〜14、16、17に示した回転期間の分析がその主なものです。
6	流動資産回転期間（日数） $= \dfrac{流動資産}{純売上高} \times 365$	
7	現金・預金回転期間（日数） $= \dfrac{現金・預金}{純売上高} \times 365$	現金・預金回転期間が、他の項目に比較して相対的に長いことは、資金的な余裕を示しているものと考えられますが、この預金の中には拘束性預金を含むため、短期借入金・長期借入金の回転期間との関連に注意して判断することが必要です。
8	売上債権回転期間（日数） $= \dfrac{売上債権}{純売上高} \times 365$	売上債権回転期間は、売上債権の回収期間を示すもので、財務流動性の判定基準となります。 　この期間が長ければ貸倒れ事故が発生する危険が大きく、また資金繰りの悪化を示すことになります。 　この指標は、14及び15の買入債務の回転期間との関連にも注意する必要があります。
9	棚卸資産回転期間（日数） $= \dfrac{棚卸資産}{純売上高} \times 365$	棚卸資産回転期間も重要な指標です。過大な棚卸資産は、資本の効果的運用の大きな妨げとなります。 　製造業等にあっては、原材料の仕入から製品完成にいたるまで一定の生産期間を要しますから、この回転期間を縮めるにも限度があります。 　長期工事を行う建設業にあっては、この傾向

		が著しいのです。
なお、適正な在庫量や生産期間を判定する指標としては、売上原価をこの計算式の分母とした回転期間の計算を行う必要があります。
10	その他流動資産回転期間（日数） $=\dfrac{その他流動資産}{純売上高}\times 365$	
11	固定・繰延資産回転期間（日数） $=\dfrac{固定資産＋繰延資産}{純売上高}\times 365$	
12	有形固定資産回転期間（日数） $=\dfrac{有形固定資産}{純売上高}\times 365$	有形固定資産回転期間が長いということは、物的生産設備の利用度が低いか、生産性が低いということです。 設備投資額について見直しが必要となります。
13	流動負債回転期間（日数） $=\dfrac{流動負債}{純売上高}\times 365$	
14	買入債務回転期間（日数） $=\dfrac{買入債務}{純売上高}\times 365$	買入債務回転期間は、生産及び販売に必要な前給付的原価要素に対する支払債務の回転期間です。 8の売上債権回転期間と比較することにより、経常収支の適合状態を判定する手がかりとなります。
15	買入債務（支払基準）回転期間（日数） $=\dfrac{買入債務}{仕入代金支払高}\times 365$	買入債務（支払基準）回転期間は、前記の14の買入債務回転期間が年間の売上高と対比してサイクルを算出しているのに対し、買入債務の年間支払高と対比することによって支払いについての取引条件（サイト）を明らかにしようとするものです。
16	固定負債回転期間（日数） $=\dfrac{固定負債}{純売上高}\times 365$	
17	自己資本回転期間（日数） $=\dfrac{自己資本}{純売上高}\times 365$	自己資本回転期間は、短かければ自己資本利用効率がよい場合もありますが、自己資本不足の場合も考えられ、自己資本比率等他の分析値との相対的判定が必要です。

♠売上高利益率の計算式

　売上高利益率は、前述の資本回転率とともに総合的な収益性指標たる総資本利益率の構造を明らかにする重要な指標です。

　また、原価要素別の対売上高比率は、図表30の18の売上高営業利益率や19の売上高経常利益率の内容を分析する際に必要な指標です。

　その計算式と使用上の注意点は、次頁の図表30のとおりです。

【図表30　売上高利益率の計算式と使用上の注意点】

No.	計算式	使用上の注意点
18	売上高営業利益率（％） $=\dfrac{営業利益}{純売上高}\times 100$	売上高営業利益率は、売上高に対する、企業の営業活動によって得た利益の割合を示します。 　当比率が高ければ、企業の営業活動が合理的能率的に行われていることを示しています。
19	売上高経常利益率（％） $=\dfrac{経常利益}{純売上高}\times 100$	売上高経常利益率は、企業の経営成績をみるうえで重要な指標です。 　この比率は、売上高に対する経常利益の割合を示しています。
20	売上総利益率（％） $=\dfrac{売上総利益}{純売上高}\times 100$	売上総利益率は、卸売業や小売業などの販売業にあっては付加価値としての「粗利益」の対売上高比率である加工（粗利益）比率と同義となります。 　すなわち、この比率が高い企業は、付加価値の高い商品を販売している企業ということになります。
21	材料費対売上高比率（％） $=\dfrac{当期材料費}{純売上高}\times$売上原価按分率$\times 100$	材料費対売上高比率は、今期の売上高に対応する売上原価の中に含まれる材料費の割合を示すものです。 　業種や材料支給態様によって、この比率は大きく異なります。 　材料費は変動費ですから、この比率が高くなるのは、材料価額の上昇か非能率を表すものと考えられます。 　なお、売上原価按分率は、次の等式により求めます。 　売上原価按分率$=\dfrac{製品売上原価}{当期総製造費用}$
22	労務費対売上高比率（％） $=\dfrac{当期労務費}{純売上高}\times$売上原価按分率$\times 100$	労務費対売上高比率は、今期の売上高に対応する売上原価の中に含まれる労務費の割合を示すものです。 　労務費は固定費となる傾向が強いので、売上高の増減により、この比率は変化します。 　なお、後述の外注加工費と労務費とは多分に互換性があるので、その両者の合計額が売上高に対してほぼ一定となる場合もあります。
23	外注加工費対売上高比率（％） $=\dfrac{当期外注加工費}{純売上高}\times$売上原価按分率$\times 100$	外注加工費対売上高比率は、今期の売上高に対応する売上原価の中に含まれる外注加工費の割合を示します。 　外注加工費は原則的に変動費とされ、生産高についての外部生産対内部生産の比率が不変ならば、この比率が高くなることはそのまま利益圧迫の原因となります。

24	経費対売上高比率（％） $=\dfrac{\text{当期製造経費（当期外注加工費を除く）}}{\text{純売上高}}$ $\times$売上原価按分率$\times 100$	経費対売上高比率は、今期の売上高に対応する売上原価の中に含まれる製造経費の割合を示すものです。
25	販売費・一般管理費対売上高比率（％） $=\dfrac{\text{販売費及び一般管理費}}{\text{純売上高}}\times 100$	通常、20の売上総利益率は、同業種間においてそれほどの差異は生じないものですが、この比率は異なり、これが高まれば営業利益を直接圧迫するので、厳格に管理する必要がある指標です。
26	販管人件費対売上高比率（％） $=\dfrac{\text{販管人件費}}{\text{純売上高}}\times 100$	販管人件費対売上高比率は、販売費及び一般管理費の中の人件費の対売上高比率です。 販管人件費の一部である販売員給与には歩合給等の変動費的要素を含む場合があり、また原則的に固定費である役員報酬は経営政策により恣意的に変化する場合があります。
27	営業外収益対売上高比率（％） $=\dfrac{\text{営業外収益}}{\text{純売上高}}\times 100$	営業外収益対売上高比率は、営業外収益の大きさを売上高との比較において示す指標です。 経常的な営業外収益は、投資等の資産運用による収益と財務収益と考えられますので、この比率が高ければ経営の余裕を表しているものとみられます。
28	営業外費用対売上高比率（％） $=\dfrac{\text{営業外費用}}{\text{純売上高}}\times 100$	営業外費用対売上高比率は、営業収入たる売上高で補てんする営業外の費用の割合を示すものですが、この比率が高くなることは好ましいことではありません。 営業外費用のうちの主な項目は、金融費用たる支払利息割引料です。
29	支払利息割引料対売上高比率（％） $=\dfrac{\text{支払利息割引料}}{\text{純売上高}}\times 100$	支払利息割引料対売上高比率は、売上高が負担する借入金利息や受取手形割引料等の金融費用の割合を示し、企業の資本構成が健全なものであるかどうかを端的に示す重要な指標です。 なお、支払利息割引料は、営業外収益である受取利息割引料とともに、金融機関に対する貸借関係を表すものなので、両者の差額の売上高に対する割合を実効金利負担率として使用することもあります。

♠貸借対照表と損益計算書による総合評価

　以上の総合評価をみていただくとわかると思いますが、総合評価は、貸借対照表と損益計算書から行うことになります。回転率や回転期間では貸借対照表と損益計算書が、売上高利益率では損益計算書が分析の対象となるのです。
　この後に続く、生産性の分析などにおいても、貸借対照表と損益計算書が基本であることを理解しておいてください。

4 ヒト・モノの貢献度を判定する「生産性分析」

♠加工高という考え方

会社の儲けを考えるとき、よく付加価値という言葉を使います。原材料や商品などに対し、その会社が付加した価値という意味です。この付加価値をTKCでは、加工高という言葉で表現しています。

加工高を算出する方法には、統一的な方式がありません。TKCでは、次のような計算式で加工高を計算しています。

> 加工高＝売上総利益＋（当期総製造費用－当期材料費－当期外注加工費
> 　　　　－当期製造消耗品費）×売上原価按分率

この計算式からわかるように、卸小売業では製造費用がありませんので、加工高は、売上総利益と一致することになっています。

加工高というのは、他から仕入れたものに、いくらの付加価値を付け加えることができたかということを示すものです。商品なり製品に、価値を付加すること自体を加工という概念でとらえ、これが生産性の基礎であるとみなしているのです。加工高を計算するのに必要な項目は、売上総利益、当期総製造費用、当期材料費、当期外注加工費、当期製造消耗品費です。そして売上原価按分率というものです。

売上総利益から当期製造消耗品費までの項目は、損益計算書や製造原価報告書に記載されているはずです。ここで、新たに登場したのは、売上原価按分率というものです。この計算式は、次のとおりです。

（当期総製造費用－材料費－外注加工費－製造消耗品費）というのは、製造部門の付加価値、つまり加工高ということになります。

$$売上原価按分率＝\frac{製品売上原価}{当期総製造費用}$$

この製造部門での付加価値が、すべて今期の売上につながるということはありません。製造しても、期末に在庫として残ることがあるからです。当然、前期から繰越している在庫もあります。期首にも期末にも在庫があると、当期総製造費用と製品売上原価が一致しません。

売上総利益は、在庫の調整をして計算していますので、製造部門の付加価値を計算するときも、その点を加味して売上原価按分率を計算し、それを製造部門の付加価値に掛け合わせるのです。

ただし、自分で計算するときに、このような売上原価按分率を必ず使わなければならないかというと、そうでもありません。在庫に大きな増減がないときは、この売上原価按分率は無視しても、そんなに大きな差がでることはありません。ですから、在庫の急激な増減がない場合は、売上原価按分率を無視しても差し支えないのです。

♠加工高の内容を把握する付加価値計算書

　あるときは加工高と呼び、またあるときは付加価値と呼んだりするのでややこしく感じられますが、基本的には、同じことをいっているものと考えてください。

　さて、ここで突然、付加価値計算書という言葉が出てきました。付加価値計算書というのは、実はTKC独自のものです。世間一般では、付加価値計算書という決算書が作成されることはありません。

　また、決まったフォームがあるというわけでもありません。

【図表31　付加価値（加工高）計算書】

①売上高
②売上原価㋑商品売上原価
　　　　　　㋺製品売上原価
③売上総利益　（①－②）
④当期材料費　（㋺の一部）
⑤当期外注加工費　（㋺の一部）
⑥当期製造消耗品費　（㋺の一部）
⑦加工高　（前頁の計算式で求める）

　この付加価値計算書は、加工高（付加価値）の内容が把握できるようにするためのものです。加工高を計算するには、売上総利益から売上原価按分率までの各項目が必要となります。それらをまとめて一覧表として表示したものが、付加価値計算書です。

　付加価値計算書として表示する項目は、図表31のとおりです。

　売上原価は、商品売上原価と製品売上原価の合計となります。商品売上原価というのは、次の計算式で求められます。

　　商品売上原価＝期首商品棚卸高＋当期商品仕入高－期末商品棚卸高

　また、製造売上原価は、売上原価の総額から商品売上原価をマイナスしたものと一致します。

　必要な項目をまとめて表示すると、付加価値がどのような内容で構成されているかがわかりやすくなります。それで、加工高を構成する項目を取り出したものを、付加価値計算書と呼んでいるのです。

　付加価値のことをTKCでは加工高と呼んでいるわけですから、加工高計算書としてもよさそうなものですが、以前から付加価値計算書という呼び方をしているので、ここでもその呼び方を採用しました。

♠人的生産性と物的生産性に区分される

　生産性は、人的なものと物的なものに区分して考えます。

生産性の基本は、加工高ですが、生産性分析では、その加工高を得るために、人や固定資産などの設備がどのように貢献したかをみるのです。
　人的生産性分析では、1人当り加工高と労働分配率をみます。従業員1人当りの加工高とは、1人でどれだけ儲けているかということを表します。
　ここで「従業員」ではなく、「従事員」といっているのには意味があります。従業員とは、会社に雇われた社員のことを意味します。会社には、役員もいるわけで、従業員というときには、それらの役員は含まないのが一般的ですので、役員も含んだ人数を表すときは「従事員」として計算しているのです。
　物的生産性分析には、加工高比率と加工高設備生産性があります。
　特に、加工高設備生産性が重要です。これは、有形固定資産に投資したものとして、その設備がどの程度の儲けをもたらしているのかをみるものです。
　これらの人的生産性や物的生産性という結果をもたらした原因を探るために、1人当りの売上高、人件費、経常利益、総資本、有形固定資産を算出します。

♠従事員1人当りの生産性を表す「人的生産性分析」

　人的生産性とは、従事員1人当りの生産性を表示します。
　人的生産性には、1人当り加工高と労働分配率があります。その数値の原因を追及するために、1人当り人件費を求めます。二次的なものとして、加工高比率や労働分配率も計算されます。
　1人当り売上高は、その後の1人当り加工高などと対比するのに必要となります。1人当りの加工高をもたらすのに、いくらの売上高があり、その売上高からはどれくらいの儲けが得られるのかを判断しておくことが必要なのです。
　そのうえで、1人当りの人件費と労働分配率が示されています。
　人件費には、給料だけでなく、賞与、退職金、法定福利費、福利厚生費などが含まれます。

♠会社の儲けを左右する労働分配率

　1人当りの加工高から、人件費を支払うことになるのですが、儲けのうち、いくらを従事員に分配しているかという労働分配率が会社の儲けを左右する重要な指標となります。
　会社の儲けだけを考えると、労働分配率は低ければ低いほどよいことになりますが、あまり低すぎると、従事員の勤労意欲や定着率を悪くすることになります。労働分配率は、ある程度の率が必要ということになります。
　また逆に、労働分配率が高ければ、それだけで従事員の勤労意欲や帰属意識が高いということにはなりません。勤労意欲などには、金額的な要因と従事員の心理的な要因が大きく作用するからです。
　金額的要因というのは、絶対的な給与の水準のことです。従事員に対する給

与が世間より低く儲けの少ない会社では、給与水準は低いのに、労働分配率だけが高いということになってしまいます。

　従事員の心理的な要因も重要です。世間より高い給与を支払っていて、その結果、労働分配率が高いとしても、働いている人たちには刺激にならないという可能性があります。いくら高い給与であっても、常にそれに慣らされると、給与が高いということは感じなくなります。逆に、働いている人たちが自分の働きの程度として考えている額より、給与の額が低ければ、かえって不満を感じることになります。

　また、給与を引き上げただけで、ほんとうに従事員が満足をするということも言い切れないのです。会社として、もっと難しい問題に取り組みたいとき、特別な給与を支給しようとすると、そのような給与は貰わなくても、今までどおりで安泰な仕事だけをしたいと望む従事員も結構いるのです。

　このように勤労意欲や帰属意識というのは、金銭だけでなく、心理面の影響が非常に強く作用するものです。したがって、どのような給与水準や労働分配率が望ましいかは、従事員の心理的な面も加味して、その会社ごとに判断することが必要となるのです。一律に労働分配率が低いことや高いことだけで、儲けの良し悪しは判断しきれないところに難しさがあります。

♠加工高設備生産性が基本となる「設備生産性分析」

　設備生産性は、加工高設備生産性が基本です。

　設備に対する投資額と、そこから生み出される加工高は、その絶対額だけで分析するのではなく、設備と比較することが重要なのです。

　加工高設備生産性を分析するのに、加工高と売上高との比率である加工高比率も重要です。売上からどの程度の儲けがあがるのかを表すものです。売上から儲けがないのに、いくら頑張っても全体的な儲けを得ることはできません。

　そういう意味で、儲けの基本は売上であるという理解が大切なのです。

　特に、現在のように不況が続き、デフレになっているときは、売上高は増加するより減少する会社のほうが多くなってきます。そのために、売上は少なくてもよいから、儲けだけは出したいという考えが出てきます。

　しかし、デフレのために売価も抑えられ、売上総額自体も減少することになると、当然のこととして、加工高比率も低下してしまいます。売上高そのものが低下しており、加工高比率も伸びないとすると、儲けの絶対額は少なくなることは避けて通れなくなるのです。

　設備生産性の場合は、人的生産性のように、心理的な要因を加味する必要はないので、分析は非常に楽です。単純に、数字で判断するだけでよいわけです。

　現在の設備で、どの程度の売上が得られ、その売上から、どの程度の加工高をあげることができるのかをみることで、単純に良し悪しが判断できるのです。

5 「生産性分析」の計算式と使用上の注意点

♠生産性とは

　生産性とは、産出高の投入高に対する割合をいい、経営分析体系の中で、収益性分析を補足するものです。

　その特色は、収益性分析では投入高を「資本」としたのに対して、生産性分析ではこれを「ヒト」または「モノ」としている点にあり、また産出高については「売上高」よりも「付加価値」（または「加工高」）がより優れた指標として選好されます。（一部には付加価値を利益に代わる指標と考えるものがありますが、これは正しくありません。）

　付加価値を計算する方法としては、加算方式と控除方式があります。付加価値を構成するものは、人件費、地代家賃、減価償却費、支払利息、利益などの項目です。これらの項目を加算する方式を加算方式といいます。控除方式というのは、売上高あるいは売上総利益から、売上原価にかかる仕入や外注費などを控除して計算する方式です。

　ここでは、付加価値を控除方式により算出しています。この方式で計算された「付加価値」は、製造業・建設業等では「加工高」を意味し、卸売業・小売業等では「粗利益」を意味します。

　この計算方法については「付加価値計算書」（73頁）に示したとおりです。図表32の30、33、35、36の比率によって示される数値は、付加価値分析のために資料として重要なものです。

♠生産性分析の計算式と使用上の注意点

　生産性分析の計算式と使用上の注意点は、図表32のとおりです。

【図表32　生産性分析の計算式と使用上の注意点】

No.	計算式	使用上の注意点
30	1人当り売上高（月）（千円） $=\dfrac{純売上高\div 12}{平均従事員数}$	1人当り売上高は、人的生産性をみるうえで重要な指標であり、従業員1人当りの月平均の売上高を示します
31	加工高（粗利益）比率（%） $=\dfrac{加工高（粗利益）}{純売上高}\times 100$	加工高（粗利益）比率が高いことは、付加価値の高い製品または利益率のよい商品を扱っていることを示しています。
32	1人当り加工高（粗利益）（月）（千円）	1人当り加工高（粗利益）は、生産性分析の中で最も重要な指標であり、従事員1人当りの

	$= \dfrac{\text{加工高(粗利益)} \div 12}{\text{平均従事員数}}$	月平均の加工高を示します。 　労働集約的な企業であれば、この比率は端的に労働による生産性を表すことになります。 　企業は、多額の設備投資を行い、これと労働とを活用して生産活動を行うので、付加価値は労働と資本の協働によって創出されたものとみなされます。 　この比率は、次のとおり分解されます。 $\dfrac{\text{1人当り加工高}}{\text{(粗利益)}} = \underbrace{\dfrac{\text{有形固定資産}}{\text{従事員数}}}_{\text{〔労働装備率〕}} \times \underbrace{\dfrac{\text{加工高}}{\text{有形固定資産}}}_{\text{〔加工高設備生産性〕}}$ 　その一般的な傾向として、労働装備率あるいは資本集約度が高い企業ほど労働生産性は高くなります。
33	1人当り人件費(月)(千円) $= \dfrac{\text{人件費(当期労務費＋販管人件費)} \div 12}{\text{平均従事員数}}$	1人当り人件費は、役員報酬、賃金、賞与、販売員給与、事務員給与、退職金、法定福利費及び厚生費等の総人件費の1人当り(常勤役員を含みます)金額です。
34	労働分配率(限界利益)(％) $= \dfrac{\text{人件費(当期労務費＋販管人件費)}}{\text{限界利益}} \times 100$	労働分配率(限界利益)は、限界利益に占める人件費の割合を示しています。 　この比率が上昇することは、人件費の増加率が生産性の増加率を上回ることを意味し、収益性はたちまち悪化します。 　しかし、人件費は、通常社会的な相場に基づいて決定されるため、限界利益の適正分配率を目安に人件費の枠を抑えることは困難です。 　むしろ人件費の増加を与件として、これを吸収する限界利益を増加するための経営計画がますます必要となってきています。
35	1人当り総資本(千円) $= \dfrac{\text{総資本}}{\text{平均従事員数}}$	1人当り総資本は、一般に「資本集約度」と呼ばれる指標です。
36	1人当り有形固定資産(千円) $= \dfrac{\text{有形固定資産}}{\text{平均従事員数}}$	1人当り有形固定資産は、一般に「労働装備率」と呼ばれています。
37	加工高設備生産性(％) $= \dfrac{\text{加工高(粗利益)}}{\text{有形固定資産}} \times 100$	加工高設備生産性は、企業の有する有形固定資産に対する加工高の割合を示すものであり、物的生産設備に投下された資本と、創出された付加価値とを対比するものです。 　資本集約的な企業であればあるほど、この比率は重要な意味をもっています。
38	1人当り経常利益(月)(千円) $= \dfrac{\text{経常利益} \div 12}{\text{平均従事員数}}$	1人当り経常利益は、労働生産性を示す指標であり、従事員1人当りの月平均の経常利益を示します。

6 支払能力を判定する「安全性分析」

♠安全性分析とは

　安全性というのは、支払能力と考えてもよいでしょう。支払いと一口にいっても、仕入代金や給与などの経費の支払いもあれば、借入金などの返済もあります。安全性のときは、これらすべての支払能力のことをいっています。

　安全性の分析では、流動性、資本調達、収支をとりあげ、それぞれの健全度を測定します。

　流動性の健全度というのは、支払手形や買掛金の支払い、借入金の返済などに、問題がないかを総合的にチェックするものです。資本調達の健全度では、資金の調達面での問題がないかどうかをチェックします。また、収支の健全度では、毎期の資金の流れが順調かどうかをチェックします。

♠流動性の健全度の判定

　流動性としては、流動比率、当座比率、預金対借入金比率が取り上げられています。

　貸借対照表の資産の部には、流動資産があります。流動資産には、現金や預金のほか、商品などを仕入れてから販売するという、営業活動から生じる在庫や債権（受取手形や売掛金）などが含まれます。その他に、1年以内に回収される債権なども流動資産に含まれます。

　流動負債には、営業上の債務（支払手形や買掛金）や、1年以内に支払いをしなければならない債務などが含まれます。

　流動比率は、流動資産と流動負債を比較するものです。一般的には、流動資産が流動負債を上回っているときは、短期的に資金として入ってくるものが、短期的な支払いを上回っているので、支払面では良好だと考えられています。

　この流動比率をもっと厳格にみようというのが、当座比率です。当座資産というのは、現金預金や短期的に運用している有価証券で、即座に資金として利用できるものです。この当座資産が、流動負債をどの程度カバーしているかをみることによって、支払能力をみようというものです。

♠資本調達の健全度の判定

　貸借対照表の見方として、負債及び資本を資金の調達、資産を資金の運用とみる考え方があります。

　資金を調達するとき、銀行から借り入れることがあります。また、増資をし

て、株主から会社に払い込んでもらうこともあります。借入金などは負債として計上され、増資は資本金等として計上されます。

　借入れや資本として調達した資金は、固定資産の購入にあてられるかもしれませんし、商品の購入にあてられるかもしれません。資金を運用した結果が、資産として残っているという見方をするのです。

　資金の調達と運用のバランスをみるのが、固定比率と固定長期適合率です。固定比率では、固定資産などをどれだけ自己資本で賄なっているかをみます。この見方をちょっと甘くして、固定資産などを自己資本と長期借入金などの固定負債の合計でどれだけ賄っているかをみるのが固定長期適合率です。

　固定資産は長期にわたって使うものです。それを取得するための資金は、返済をしなくてよい自己資本か、長期で返済をする固定負債で準備するのがよいのです。

　もし、10年間使う予定の固定資産を購入するのに、1年で返済しなければならない借入金で資金調達をしたときはどうなるでしょう。固定資産を長く使うというのは、長い期間をかけて営業に貢献し、その期間で収益があがり、資金が回収できることを意味します。長い期間をかけて資金を回収するのに、1年でその調達資金を返済しなければならないとすると、資金的には非常に苦しくなります。

　そういう意味で、固定資産などは、できるだけ自己資本が悪くても固定負債で資金調達をして取得すべきなのです。

　借入金対月商倍率は、借入金が月商の何倍になっているかを示します。自己資本比率は、自己資本と総資本のバランスをみるものです。実質金利率は、借入金と支払利息だけを比較するのではなく、借入金から定期預金をマイナスし、支払利息から受取利息をマイナスしたものと比較して、実質金利を計算します。

　定期預金は、借入金の担保として銀行に抑えられていることもあるでしょうが、そうでなくても、もし融資を受けている会社が倒産でもすれば、すぐに相殺されてしまうものです。そこで、借入金から定期預金をマイナスして、実質的な金利を計算しようとするのです。

　これらの借入金対月商倍率、自己資本比率は、借入過多になっていないかどうかをチェックする重要な指標です。

　また、実質金利率は、会社の銀行借入が、ほんとうに有利な条件で行なわれているかどうかをチェックするものとなります。表面的には低金利で資金調達ができたようでも、定期預金で銀行においている限りは、実質金利は高いものになります。

　銀行も、余り低利で融資すると儲けになりませんので、実質金利を高い目にしようと努力します。借入れ側の会社では、その実質金利をできるだけ低く抑えるためにも、この点を十分にチェックしておく必要があります。

♠収支の健全度の判定

　収支の健全度は、経常収支比率でみます。経常収入が、どの程度経常支出を上回っているかで、その健全度をチェックするのです。

　経常収入というのは、通常行っている営業活動で生じる収入のことです。また、経常支出というのは、反対に通常の営業活動における支出のことです。

　経常収支比率が高いということは、営業活動で十分な資金が調達できているので、借入金の返済などが無理なくできることになります。もし、逆にこの比率が低く、100％を下回るようなら、資金不足になっており、借入金の返済は到底できないことになります。

　銀行から融資を受けようとするときは、この経常収支比率をよくみてからにすべきなのです。

♠安全性の判定の検証

　流動比率は、経営指標の中ではよく知られています。ほとんどの経営者の方が、流動比率という言葉は知っているようです。そのため、経営者から「流動比率がどの程度なら、健全といえるのか」という質問をよく受けます。

　しかし、流動比率では、ほんとうの支払能力は測定できないというのが、筆者の考えです。流動比率などの安全性を図る指標は、古くから説明されてきており、よく知られているためか、あたかも有効な指標かのような錯覚が生まれてきたように思います。しかし実際には、あまり役に立たないのです。

　なぜ、あまり役に立たないかというと、これらの指標は、あくまで静態的な分析にしかすぎないからす。

　流動資産は、原則として１年以内に資金となるものであり、流動負債は、１年以内に資金が出て行くものです。しかし、貸借対照表は、ある一定の時期を捉えて、そのときの財務的な状態を示すだけなのです。

　例えば、貸借対照表の短期借入金が1,000万円と計上されたとき、その時点では、確かに１年以内に返済する借入金は1,000万円かもしれません。しかし、実際には、その後の１年間に新たな借り入れをして、合計で2,000万円の返済をするかもしれないのです。

　つまり、一時点の瞬間的な状態である貸借対照表だけをみて、今後、資金に問題が起こらないかどうかということは、現実的には無理があります。

　経営は、時間をかけて行なうもので、一瞬だけで終わってしまうものではありません。経常収支などは、一定の期間の収支によって、その健全性を確かめます。これなら、その期間全体の資金面の安全性が測れます。流動性や資本調達の健全性のように、一時点だけの数値からその後の期間を測定しようというのは無理があると思います。

7 「安全性分析」の計算式と使用上の注意点

♠安全性分析とは

安全性分析は、財務の健全性を判定するもので、流動性分析ともいわれ、財務諸表分析として最も古い歴史をもつものです。すなわち、経営分析は外部債権者が行う信用分析である安全性分析から出発した歴史をもっています。

従来の安全性分析は、貸借対照表（ストック）を中心とする静態的分析が主流でしたが、ここではフローの面から収支の適合状態を示す経常収支比率を採用し、動態的安全性についての分析も開始しています。

♠安全性分析の計算式と使用上の注意点

安全性分析の計算式と使用上の注意点は、図表33のとおりです。

【図表33　安全性分析の計算式と使用上の注意点】

No.	計算式	使用上の注意点
39	流動比率（％） $=\dfrac{流動資産}{流動負債}\times 100$	流動比率は、企業の短期的な支払能力を表す基本比率です。 　この比率は、高いことが望ましいのですが、流動資産の中には必ずしもすぐに資金化できないものが含まれていますので、次の当座比率と併せて判断することが必要です。
40	当座比率（％） $=\dfrac{当座資産}{流動負債}\times 100$	当座比率は、現金預金及び短期間に資金化できる債権をもって流動負債の支払いに備えるための支払準備率を判断する比率です。この比率は、短期的な支払能力を示す指標です。 　ただし、正確には長期借入金等に対する拘束性預金がある場合は、これを除外して判断しなければなりません。
41	預金対借入金比率（％） $=\dfrac{預　金}{借入金}\times 100$	預金対借入金比率は、別名預貸率といい、この比率が高い場合は、資金調達に余裕があると判断されます。 　この比率は、企業の金融機関に対する力関係や、金融政策に影響されやすいものです。 　なお、以上の39～41の比率は、短期的な支払能力を示す指標です。
42	借入金対月商倍率（月数） $=\dfrac{借入金}{純売上高\div 12}$	借入金対月商倍率は、借入金が月売上高の何倍あるかを示す指標です。 　安全性分析に属し、企業の借入余力の判定に役立ちます。金融機関にとっては、貸付限度額

を決定する際の主要な比率の一つです。

43	固定比率（％） $=\dfrac{固定資産＋繰延資産}{自己資本}\times 100$	固定比率は、自己資本に対する固定資産と繰延資産の割合を示すものです。この比率が100％以下であれば、企業が所有する固定資産等は他人資本を用いずに自己資本だけで調達しているものと判断されます。 　低成長下の経営においては、固定資産に対する投資は自己資本でカバーできることが望ましいのです。ただ現実には、次の固定長期適合率と併せて判断することになります。 　この比率は資本調達の健全性を示す指標です。
44	固定長期適合率（％） $=\dfrac{固定資産＋繰延資産}{総資本－流動負債}\times 100$	固定長期適合率は、流動負債以外の負債及び自己資本に対する固定資産と繰延資産の割合を示すものであり、固定資産等の保有状況及び新規設備投資計画の妥当性を判断する重要な指標です。この比率は、100％以下であることが望ましいとされています。 　この比率は資本調達の健全性を示す指標です。
45	自己資本比率（％） $=\dfrac{自己資本}{総資本}\times 100$	自己資本比率は、資本構造の健全性を表す重要な指標です。理想的には、この比率は50％を超えていることが望ましいとされています。 　この比率は資本調達の健全性を示す指標です。
46	経常収支比率（％） $=\dfrac{経常収入}{経常支出}\times 100$	経常収支比率は、企業の収益力が財務の流動性に直接貢献しているか否かを、フローの面から判断するための指標です。 　企業が決算で利益を計上していても、売上債権や棚卸資産等が激減して、これに投下した資金の回収が遅れると資金繰りに破綻をきたし、黒字倒産の憂目をみることになります。 　こうした傾向を経常収支比率は明らかにするものであり、この比率が引続いて100％を下回るとすれば、企業の安全性がフローの面から脅かされていることが判断されます。
47	実質金利率（％） $=\dfrac{支払利息割引料－受取利息割引料}{借入金－定期預金}$ $\times 100$	実質金利率は、企業が金融機関から必要資金を調達している場合の正味の金融費用の比率を示しています。 　金融機関は、個別の貸出しの表面金利のほか、預金対貸付金の比率（通常預貸率といっています）に基づいた実質金利を重視します。これは支払いサイドに立つ企業の金利負担に直接影響します。 　景気調整機能として利子率が極めて流動的な今日、金融機関からの資金調達度合が大きい企業にとって、この比率は重要です。 　この比率は資本調達の健全性を示す指標です。

8 返済できるかを判定する「債務償還能力分析」

♠債務償還能力とは

　法律上の債務のことを、会計では負債といいます。この債務には、支払手形、買掛金、未払金、借入金などがあります。

　債務償還能力というときの債務は、銀行借入のことです。債務償還能力というのは、この銀行借入金を返済する能力という意味です。

　銀行借入金に対しては、利息とともに返済を要します。借りたお金をほんとうに返済できるかどうかは、銀行からみると非常に重要です。債務償還能力が高ければ高いほど、銀行での評価があがります。その結果、銀行とのつき合いが楽になるのです。

　この分析では、会社がどの程度の償還能力をもっているかについて、次の三つの分析値を使ってみます。

♠有利子負債が自己資本の何倍かをみるギアリング比率

　ギアリングという言葉は、あまり馴染みがないかもしれません。もともとは英語のgearingという言葉ですが、イギリスでは歯車装置の意味で使います。アメリカでは、テコの意味であるleverageという言葉を使います。

　このギアリングであれ、レバレッジであれ、負債を歯車やテコのように利用し、自己資本は少なくても、大きな投資によって、大きな収益をあげられることを指して使います。

　このギアリング比率は、借入金などの有利子負債が、自己資本の何倍になっているかを表示します。自己資本より、負債が大きいほうが、歯車としての効果は高いことになります。しかし、負債が大きいと、今後の返済が重くのしかかることになるので、返済のことを考えると比率は低いほうがよいのです。

　ギアリング比率は高いほうが効果が高い、返済を考えると低いほうがよいというと、いったいどっちがよいのかということになります。しかし、この比率は、低いほうがよいことになります。

　常に業績は向上し、利益が増え続けるというのなら、ギアリング比率が高くても問題はありません。しかし、会社の業績が常に向上し続けるという保証はありません。そういうことを考えると、やはり、ギアリング比率はできるだけ低いことが望ましいのです。

　割引手形というのは、会社がもっている受取手形を担保として銀行に譲渡し、その見返りに融資を受けるもので、手形を担保に提供したとみるのです。手形

を銀行で割り引くと、手形割引料をとられますが、これは手形を譲渡したときの譲渡損失としてとらえます。

そのため、ギアリング比率では、割引手形の残高は、有利子負債に含めないこととなっていますので、有利子負債は短期・長期の借入金や社債です。

また、自己資本というのは、貸借対照表の資本の部に記載されている金額そのものと考えます。自己資本がどの程度かがわかるように、自己資本額も表示されます。

♠有利子負債を何年で返済できるかをみる債務償還年数

債務償還年数は、有利子負債を何年で返済できるかを表示したものです。

有利子負債というのは、ギアリング比率で説明したとおりですが、分母は、営業利益＋減価償却費の合計額となっています。

このようにして債務の償還年数を計算するのは、借入金の返済原資は、償却前の営業利益であるという見方をとっているためです。

この計算では、経常利益ではなくて営業利益を使います。利息を支払う前の利益をもとにして、借入金返済と利息支払いをすることを前提に考えているからです。また、営業利益に減価償却費合計をプラスしています。これは、製造原価や販売費及び一般管理費に含まれている減価償却費の合計額をプラスするという意味です。減価償却費というのは、すでに設備投資した金額をその後費用として処理するだけで、費用とするときに資金が出ていかないのです。

営業利益には、お金が出ていかない費用である減価償却費が含まれているので、減価償却費を計上する前の段階で利益を計算し、それをベースとして、債務の償還年数を測定するのです。

♠営業利益等が支払利息の何倍かをみるインタレスト・カバレッジ・レシオ

インタレスト・カバレッジ・レシオとは、営業利益と受取利息、受取配当金の合計額が、支払利息の何倍となっているかを表示するものです。

営業利益の中から支払利息が支払われているのが望ましい姿です。ここで営業利益に受取利息や受取配当金も含めているのは、借入金でまかなった資金の一部は、設備投資以外の、株式などの投資にも回されることが前提となっているためです。

有利子負債によって調達した資金は、通常の業務や投資に回され、そこから生まれる収益から利息を支払うという姿が描かれているのです。

この倍率は高いほどよいので、倍率が高いのは、利払いの資金が豊富にあることを意味しています。

インタレスト・カバレッジ・レシオでは、償却前の営業利益を計算する必要がありますので、参考として、償却前営業利益の実際の金額が表示されます。

9 「債務償還能力分析」の計算式と使用上の注意点

◆債務償還能力分析とは

債務償還能力とは、融資に対する返済能力です。金融機関からみた場合には、取引先企業に対する貸付金の回収の確実性を判断するための指標となりますので、金融機関の取引先の与信力を測定するための重要な分析項目です。

また、企業側にとっても、金融機関から融資を受ける際に、他の分析値と組合せ、金融機関に対してどの程度の信用があるのか自己診断することができます。今後の資金戦略上活用できるものです。

◆債務償還能力分析の計算式と使用上の注意点

債務償還能力分析の計算式と使用上の注意点は、図表34のとおりです。

【図表34　債務償還能力分析の計算式と使用上の注意点】

No.	計算式	使用上の注意点
48	ギアリング比率（％） $=\dfrac{\text{有利子負債}}{\text{自己資本}} \times 100$	ギアリング比率は、自己資本に対する有利子負債の割合を示すものです。この比率は、低いことが望ましいとされています。なお、割引手形は、有利子負債に含めません。
49	自己資本額（千円） ＝自己資本	自己資本は、資本金、法定準備金及び剰余金の合計で資本の部合計と一致します。 一般に自己資本が充実しているほど金融機関の信用は高いとされています。
50	債務償還年数（年） $=\dfrac{\text{有利子負債}}{\text{営業利益＋減価償却費合計}}$	債務償還年数は、有利子負債をキャッシュフロー額で返済すると何年かかるかを示す指標です。償還年数が短いほど、金融機関の信用は高いとされています。
51	インタレスト・カバレッジ・レシオ（倍） $=\dfrac{\text{営業利益＋受取利息・配当金}}{\text{支払利息割引料}}$	インタレスト・カバレッジ・レシオは、金利の支払いとキャッシュフローとのバランスをみるための指標です。倍数が大きいほど、金利の支払能力が高いこととなります。なお、機械装置、車両運搬具及び備品等をリースにより取得している場合には、リース料が支払利息割引料に含まれないため倍率も高くなります。
52	償却前営業利益（千円） ＝営業利益＋減価償却費合計	償却前営業利益は、借入返済の原資となる企業利益を示す指標です。すなわち、企業の借入返済能力を測定する利益として1年間の企業活動の成果たる「営業利益」を位置づけたうえで、それに減価償却実施額を加算して算出されます。

10 儲けの源泉を判定する「成長性分析」

◆成長性を何で測定するか

　成長性といったとき、いろいろな考え方が浮かびます。売上高が増加することもあります。利益が増加することもあります。人が増えること、仕事量が増えること、あるいは仕事の難易度があがること、保有する不動産が増えることなど、成長といったときには、さまざまな考えがあって当然です。
　しかし、経営分析で考えるときは、あくまで数字にこだわります。しかも、こだわる対象は、売上と利益です。
　会社の儲けの源泉は、売上高でなければなりません。ネットバブルの当時、ほとんど売上がないのに、今後売上が増えるかもしれないといって、公開した会社が結構ありました。しかし、結局、そういった会社は売上をあげることができず、市場から去っていきました。
　会社の儲けは、売上があってはじめて出るものです。売上はないけれども、利益だけはあがりますというのは、ウソと考えてよいのです。
　会社を成長させようとするなら、売上を増やすことだということを強く頭に刻み込んでおいてください。

◆売上高が何％増加したかをみる対前年売上高比率

　これは、読んで字のごとくで、前期と比較して売上高が何％増加したかを示す比率です。
　長引く平成不況下にあって、売上高の増加をあきらめた会社も結構あります。たしかに、新規顧客を開拓したと思ったら相手が倒産したり、永年つき合ってきた顧客も倒産したりと、倒産ばやりです。だからといって、新規の取引先も増えず、新商品もないというのでは、会社はジリ貧になるだけです。
　単に数字だけをみているなら、売上なんか増えなくてもよいという気持になるかもしれません。しかし、会社で働く人のココロを考えておく必要もあります。
　社長としては、顧客の倒産を心配して、"危ない橋は叩いても渡らない"という気持になることはわかります。しかし、社員もそれに慣れてしまうと、社員にあきらめの気持が出てきます。その結果、会社の業績がどんなに悪くても、社員は「これでいいんだ」と自らに言い聞かせるようになります。それにつれて、売上はどんどんダウンしていきます。
　そして、何とか回復させようとしたときには、もう手遅れとなって、取り返

しがつかなくなるのです。

そんなことにならないためにも、売上を増加させる手段を常に考えておく必要があるのです。

気をつけてほしいのは、売上を増やすということだけにこだわり、粉飾決算をして、決算書の数字だけをごまかそうという気持に負けないことです。

粉飾決算をすると、業績が良くなったような気がします。しかし、社員は、そのようなごまかしには騙されません。実際には、業績が悪くなっていることを知っているものと考えなければなりません。それを決算では業績があがったように粉飾をしてしまうと、社員には、働かなくてもよい結果が出せるといっているようなことになります。これでは、社員としては、働かなくてもよいというお墨付きをもらったことと同じです。

粉飾で売上高を増やすのは、倒産への超特急の指定券を手に入れたようなものかもしれないのです。

♠マイナス成長かプラス成長かをみる経常利益増加額

経常利益は、売上高のように対前年の比率で表示せずに、経常利益増加額で表示されます。

利益の場合は、売上高と違い、プラスばかりとは限りません。プラスもあれば、マイナスもあります。

利益の増加額ではなく、対前年比率を使うとすると、前年がマイナスで、今期がプラスの場合は、マイナス何％という比率が出てしまいます。また、逆に、前年がプラスで、今期がマイナスのときも、マイナス何％という数字になります。

これでは、数字をみただけでは、会社の状態がどうなったのかがわかりませんので、経常利益の増加額だけを示すようにしてあるのです。

この金額がプラスであれば成長している、逆にマイナスのときはマイナス成長となっていることが一目でわかるのです。

♠成長性の中身に注目

以上のような売上高、利益の金額の増加だけで成長性をみるのは、危険な面があります。

売上なら売上で、ほんとうに顧客に喜んでもらったうえでの売上なのか、無理やり押し込んだ売上なのかによって、将来にも続く成長かどうかをみなければなりません。利益にしても同じことで、詐欺まがいの取引でいくら利益が出ても、将来に続くことはありません。

将来につながるような中身のある売上や利益が出ているのかどうか、その点は、成長性についてチェックしておくべきポイントです。

11 「成長性分析」の計算式と使用上の注意点

♠シェアアップに繋がっているかをみる成長性分析

どのような時代にあっても、会社は成長をすることが求められます。成長が求められるというより、成長がなくなってしまったときは、会社の寿命が終わりを告げるときになりかねません。

ここ数年、業績に変化がない会社があるかもしれません。変わらないのが重要という考えもありますが、時代の変化が激しいときは、会社自身も変化していかなければいけません。会社自身の変化は、決算では、成長という形で数字に表れてきます。

経営分析における成長性というのは、売上や利益の伸びにこだわることになります。製品の品質向上なども成長性の判断に組み込むことができれば、それにこしたことはないのですが、現状では、そこまではできません。

今後続くデフレの時代にあっては、数字だけを伸ばすというのは無理だと思われるかもしれません。たしかに、ますます深刻になるデフレや不況下にあっては、市場全体の規模は小さくなっていきます。

しかし、たとえ市場規模が小さくなっても、シェアを伸ばすことができれば成長は可能です。成長性をみるときは、顧客に満足して貰って、それがシェアアップにつながって、成長しているのかどうかをよくみることが大切です。

♠成長性分析の計算式と使用上の注意点

成長性分析の計算式と使用上の注意点は、図表35のとおりです。

【図表35 成長性分析の計算式と使用上の注意点】

No.	計　算　式	使用上の注意点
53	対前年売上高比率（％） ＝$\dfrac{今期純売上高}{前期純売上高} \times 100$	対前年売上高比率は、売上高の前年比をもって企業の成長性を測定する指標です。 　ここで売上高は、企業の営業活動の規模を示しています。
54	経常利益増加額（千円） ＝今期経常利益－前期経常利益	経常利益増加額は、経常利益の増加額をもって企業の成長性を測定する指標です。 　経常利益は、企業本来の営業活動の結果としての利益に財務等収支を加味した利益であるため、収益状況を把握するための重要な利益概念です。

12 損益ゼロの売上高を判定する「損益分岐点分析」

◆損益分岐点とは

　損益分岐点という言葉は、よく知られている言葉の一つですが、損益分岐点を実際に計算できる人は少ないかもしれません。しかし、この計算は簡単なものですので、ぜひ覚えてください。これを知っていれば、いろいろなところで活用することができ、非常に役に立ちます。

　まず、損益分岐点の意味をしっかりと確認しておきましょう。

　損益分岐点というのは、その売上高のときに損益がゼロとなる点ということです。この点より売上が上回ると利益が出て、逆に下回ると損失が出る、この目標売上高を測定するのが損益分岐点分析です。

◆損益分岐点の求め方

　損益分岐点を求めるのに必要なのは、単純にいうと、売上と費用だけですから、ごく簡単なものです。

　ただ、売上と費用を並べてみても損益分岐点を求めることはできません。ちょっとした工夫が必要です。

　その工夫というのは、費用を固定費と変動費に区分することです。

　固定費は、売上が変動しても、費用の発生額が変わらない費用です。売上の変動に応じて変化する費用を変動費といいます。

　固定費と変動費の区分の仕方は、いろいろありますが、ここでは費目別に分類集計する方法だけを説明することにしましょう。

　図表36のように、費用といっても、営業損益段階だけでも、いろいろな科目が考えられます。

　この費用の内容を分解して、固定費と変動費に区分するのです。

　まず、固定費として考えられるのは、図表37のような項目です。

【図表36　設例】

(単位：千円)

売上高				100,000
費用	売上原価			
	仕入		10,000	
	材料仕入		20,000	
	工場労働者の賃金		13,000	
	外注費		7,000	
	その他工場での費用		8,000	58,000
	販売費及び一般管理費			
	役員報酬その他の人件費		23,000	
	販売促進費		8,000	
	その他の販売費		2,000	
	管理経費		6,000	39,000
営業利益				3,000

【図表37　固定費の項目】

```
固定費 ─┬─ 売上原価
        │     工場労働者の賃金      13,000
        │     その他工場での費用     8,000
        └─ 販売費及び一般管理費
              役員報酬その他の人件費  23,000
              管理経費など           6,000
```

【図表38　変動費の項目】

```
変動費 ─┬─ 売上原価
        │     仕入              10,000
        │     材料仕入          20,000
        │     外注費             7,000
        └─ 販売費及び一般管理費
              販売促進費          8,000
              その他の販売費      2,000
```

これでみると、固定費は50,000千円ということになります。

変動費は、固定費としなかったものですから、図表38のような項目です。

以上の結果、変動費は47,000千円ということになります。

ここでは、人件費関係はすべて固定費としましたが、忙しい時期にはアルバイトなどを多く使い、ヒマなときは人件費を少なくできるようなら、人件費の一部は変動費としてもいいかもしれません。その辺りは、適宜判断すればよいのです。

このようにして、費目別に固定費か変動費かが区分できたら、それを売上高と対比させます。

損益分岐点を求めるには、次のように計算します。

$$損益分岐点 = \frac{固定費}{(売上高-変動費) \div 売上高} = \frac{50,000}{(100,000-47,000) \div 100,000}$$

$$= \frac{50,000}{53,000 \div 100,000 \;(=53\%)} = 94,340千円$$

この計算式で、分母となっている、(売上高－変動費)÷売上高という式ですが、これは限界利益率を計算する式となります。

限界利益というのは、売上高が1円変わったときに変化する利益のことで、限界利益率というのは、限界利益を金額でなく比率で表示します。

このケースでは、限界利益率が53％になります。損益分岐点を求めるには、固定費を限界利益率53％で割ってやればよいのです。

このようなことを言葉でいってもなかなかわかりづらいものがあります。図表39をみると、限界利益と固定費が一致する点が、損益分岐点であることが、一目瞭然でわかります。

♠目標利益を出すには

図表36の設例では、売上高が100,000千円で利益が3,000千円となっていました。もし、この会社で、利益を10,000千円出したいときは、売上高はいくらあ

ればよいのでしょうか。

【図表39　損益分岐点図表】

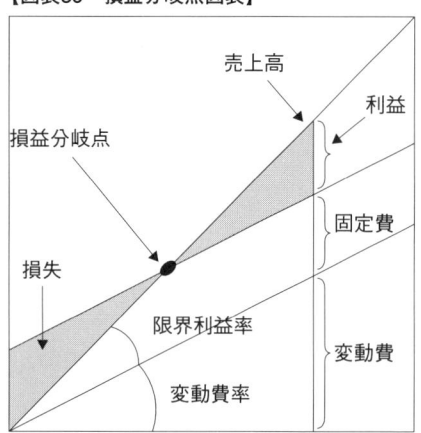

そのときは、固定費に利益を加算したもので計算します。

損益分岐点売上高を求めるときは、固定費を限界利益率で割りました。この計算式で、分子を（固定費＋目標利益）というように変更してやればよいだけです。つまり、目標利益は、固定費と同じように、売上が変わっても変わらないものという考え方です。計算式で表すと、次のようになります。

$$\begin{aligned}\text{目標利益10,000千円の売上高} &= \frac{\text{固定費}+\text{目標利益}}{(\text{売上高}-\text{変動費})\div\text{売上高}} = \frac{50{,}000+10{,}000}{(100{,}000-47{,}000)\div100{,}000} \\ &= \frac{60{,}000}{53{,}000\div100{,}000\ (=53\%)} = 113{,}208\text{千円}\end{aligned}$$

この結果、目標利益10,000千円を出したいなら、売上高は、113,208千円なければなりません。

ほんとうに、この売上高で目標利益がでるかどうかを検算してみましょう。

$$\begin{aligned}\text{目標利益} &= \text{必要売上高}\times\text{限界利益率}-\text{固定費} = 113{,}208\times53\%-50{,}000 \\ &= 60{,}000-50{,}000 = 10{,}000\text{千円}\end{aligned}$$

となります。

♠固定費を削減して利益を出したいときには

固定費を削減して利益を出そうという計画が必要なときがあります。固定費は、売上高の変動と関係ない費用ですから、費用の削減はそのまま利益となります。売上高に変化はなく、固定費を5％削減して、47,500千円としたときの利益は、どうなるでしょう。

$$\text{利益} = \text{売上高}\times\text{限界利益率}-\text{固定費} = 100{,}000\times53\%-47{,}500 = 5{,}500\text{千円}$$

この計算で、もともとの3,000千円の利益が、固定費の削減額2,500千円分増加し、5,500千円となることがわかります。

売上高や固定費はそのままとして、仕入や外注費などの変動費を全体として2％削減したときは、利益はどうなるでしょうか。

変動費を引き下げるということは、限界利益率は同じ率だけ上昇することになります。

> 利　益＝売上高×限界利益率－固定費
> 　　　＝100,000×55％－50,000＝5,000千円

このときは、売上高の2％相当の2,000千円の利益が増加して、5,000千円となることがわかります。

利益計画を立てるときは、リストラなどを通じて、固定費も変動費も引き下げるということが検討されるかもしれません。そのときの損益分岐点と利益はどうなるでしょうか。

固定費を47,500千円とし、限界利益率を2％上昇させ55％としたときで、売上が同じとすると、次のようになります。

> $$\text{損益分岐点} = \frac{\text{固定費}}{(\text{売上高}-\text{変動費})\div\text{売上高}} = \frac{47,500}{(100,000-45,000)\div100,000}$$
> $$= \frac{47,500}{55,000\div100,000\ (=55\%)} = 86,364千円$$
>
> 利　益＝売上高×限界利益率－固定費
> 　　　＝100,000×55％－47,500＝7,500千円

このように、損益分岐点を求める方法は、利益を計算するのにも非常に役に立つ方法です。できるだけ、損益分岐点の考え方を利用してください。

♠どのくらいの売上高減少で損益がゼロになるかをみる「経営安全率」

損益分岐点売上高とともに、経営安全率が表示されます。経営安全率というのは、どのくらい売上高が減少すると損益がゼロになるかを表示します。

経営安全率は、プラスとして表示されるべきですが、赤字経営のときは、マイナスで表示されます。例えば、－10％と表示されたときの意味は、現在の売上高を10％増加させないと、赤字がゼロにならないということです。

最近の企業経営では、赤字企業が全体の70％を超えているようです。このような状況では、ほとんどの会社が経営安全率がマイナスになっています。経営安全率がプラスに表示されるよう、抜本的なリストラなどが求められているといってよいでしょう。

13 「損益分岐点分析」の計算式と使用上の注意点

♠損益分岐点分析とは

　経営における経常的な費用を、すべて変動費と固定費に分解し、損益分岐点や限界利益率を算出する損益分岐点分析は、利益計画をはじめとする管理会計分野において有力な手段となっています。そのためには、個別企業の費用の分解が、各企業の実態に即して適切に行われることが前提となります。

　こうした個別企業のための損益分岐点分析を、画一的に取り扱って処理し、一般的に経営指標として取り入れることには若干の問題がありますので、固定費と変動費の区分（以下、固変区分と略します）と、指標としての利益の際の観点とについて、あらかじめ述べておくことにします。

　現在、すべての企業が精緻な原価情報としての固変区分を行っているわけではありませんので、データ・ソースとなるすべての企業について、それぞれに固有な固変区分データを確保することは困難なことです。

　そこで、勘定科目の各々について、あらかじめ統一的な固変区分を付しておくことが必要となりますが、その際考慮されたことは、多数の企業データ統計的に処理された場合の結果の妥当性についてでした。

　すなわち個別企業をミクロ的に眺めた場合には固定費とみなされるものであっても、多数の企業を統計的に処理してマクロ的に観察すると、変動費とすることが妥当となるものが存在するという問題です（ちなみに、個別企業ではその大部分が固定費と考えられる労務費が、日銀統計ではその50％を変動費として取り扱っているのも、同様の事情に基づいています）。

　TKCでは、変動費を商品売上原価、材料費、外注加工費、消耗品費及び棚卸高増減中に含まれる変動費部分の合計額とし、その他の製造原価及び販管費等はすべて固定費としています。したがって、この固変区分は、決して個別企業の各々に適合しているものと速断してはならないのです。

　しかしながら、損益分岐点分析についての数値は、中小企業全体の動向を示すものと考え、これを暦年比較することにより、有意義な統計指標として活用することが考えられます。

　以上は、TKCの指標の使い方の説明になりますが、それぞれの企業で、損益分岐点売上高を計算するときも、同じことがいえます。

　損益分岐点を求めようとするとき、固定費と変動費の区分はどのようにすればよいかなどに悩むことが出てきます。しかし、そのような区分などに、あまりこだわらなくてもいいのです。固定費と変動費の区分は多少ラフでも、その

方式を継続していれば有効なものと考えてよいのです。

♠損益分岐点分析の計算式と使用上の注意点

損益分岐点分析の計算式と使用上の注意点は、図表40のとおりです。

【図表40　損益分岐点分析の計算式と使用上の注意点】

No.	計算式	使用上の注意点
55	損益分岐点売上高(月)(千円) $= \dfrac{固定費 \div 12}{1-(変動費 \div 純売上高)}$	損益分岐点売上高は、年間を通しての平均月額で示されています。実績売上高(月商平均)がこの数字を下回れば、経常利益の段階で損失を生じることになります。 この比率は、経常利益を基準とした企業の採算点を表すものです。
56	経営安全率(%) $= \left(1-\dfrac{損益分岐点売上高}{純売上高}\right) \times 100$	経営安全率は、損益分岐点の売上高と実績売上高との差異が実績売上高に占める割合を表す比率です。 この比率がプラス30%であれば、売上高が30%減少しても赤字経営とはならないことを意味しています。したがって、この比率が高いほど不況に耐える力が強いと判断されます。
57	限界利益率(%) $= \left(1-\dfrac{変動費}{純売上高}\right) \times 100$	限界利益率は、前述の経営安全率と売上高利益率との間で、次の関係にあります。 　　売上高利益率＝限界利益率×経営安全率 この関係から売上高利益率を左右する要素は、限界利益率および経営安全率であることがわかります。 限界利益とは、売上高から売上高に比例して増加する費用、つまり変動費を控除したものをいいます。また、限界利益率とは限界利益が売上高に占める割合をいいます。 このことから、企業経営者にとっては、売上高とともに最も注目と関心を寄せる重要な比率といえます。
58	平均固定費(月)(千円) $= \dfrac{固定費実績累計額}{12}$	平均固定費は、年間を通しての平均月額で示されています。 この固定費が増加すれば、損益分岐点は上昇し経営安全率は低下することになります。したがって、固定費節減による企業の利益増出の効果も無視することはできません。
59	固定費増加率(%) $= \dfrac{今期固定費}{前期固定費} \times 100$	固定費増加率は、今期の固定費の前記に対する増加率を前年比で示しています。

14 資金の流れを判定する「キャッシュフロー計算書分析」

♠安全性分析における経常収支

　TKCの経営指標には、安全性の中に、経常収支比率というのがあります。経常収入を経常支出で割って、比率を算出するものですが、これも、キャッシュフロー計算書分析の一つです。

　この経常収支比率というのは、キャッシュフロー計算書の中の、営業取引によるキャッシュフローとほぼ同じものと考えてください。

　ただし、図表41のような点で若干相違があります。

【図表41　TKC経常収支比率と営業活動によるキャッシュフローの違い】

	TKCの経常収支比率	営業活動によるキャッシュフロー（キャッシュフロー計算書）
(1) 法人税等の支払い	含まない	含む
(2) その他の流動資産や流動負債の増減	含まない	含む

　その他の流動資産や流動負債の増減は、あまり金額が大きくなることもないでしょうから、重要な差異とはいえません。しかし、法人税等については、利益が出ている会社の場合、大きな影響が出てくる可能性があります。

　法人税等は、支払いしかありませんので、資金的には常にマイナスになります。TKCの経常収支比率では、その法人税等の支払いが含まれずに、キャッシュフロー計算書には、含まれるとすると、経常収支比率より、キャッシュフロー計算書のほうが悪い数値になります。

♠キャッシュフロー計算書の分析

　経営分析をするとき、貸借対照表や損益計算書をそのまま分析するのではなく、比率を出して比較分析をしますが、キャッシュフロー計算書の場合は、ほとんどそのまま分析のために利用することができます。

　キャッシュフロー計算書は、資金の流れをみるポイントはいくつかありますが、どのようにみるかだけでよいわけです。

　キャッシュフロー計算書をみるポイントとしては、次のようなものがあります。

(1) 営業活動によるキャッシュフローはプラスになっているか
(2) フリーキャッシュフローもプラスか
(3) 借入金の返済はフリーキャッシュフローの範囲内か

　これらのポイントは、営業活動により、資金が入ってきて、その範囲内での設備投資、借入金の返済ができているかどうかをみるだけなのです。これをみるだけで、その会社の返済能力と借入金残高の適否を判断することができます。

　資金の流れをこのようにみることによって、良好な資金の流れになっているのかどうかがわかってきます。倒産する会社は、まず、営業活動によるキャッシュフローが悪くなります。肝心要の資金が、入ってこないからです。

　それでも、設備投資をしたり、借入金の返済をしようというわけですから、当然資金がショートし、倒産してしまいます。まず、営業活動によるキャッシュフローを改善することが不可欠となります。

　その改善も、小手先のものでなく、根本的なものでなければなりません。売上が減少し、現在の設備や人員を維持できないようなら、維持できるようになるくらいの徹底的なリストラをしなければいけません。

　従業員が気の毒だからといって、ごく小規模なリストラにとどめていると、結局は、会社そのものが倒産し、すべての従業員が悲哀をみることになりかねないのです。冷酷なようでも、徹底した改革が必要なときは、断固として行うことが大切です。

♠銀行とのつきあい方

　借入金の返済は、フリーキャッシュフローの範囲内というのが原則です。もし、フリーキャッシュフローで、返済が不可能なくらい多くの借入金があるなら、早晩、その会社は倒産に至ると考えてよいでしょう。あとは、いつまで銀行が辛抱して融資を継続してくれるかどうかだけが生死を分けるポイントとなります。

　このようなとき、どう銀行に説明すれば、「うん」といってもらえるかがポイントとなります。今までなら、銀行に泣きつけばなんとかなったかもしれません。今でも、泣き落としで銀行から資金を引き出すことは可能なのでしょうか。

　現在、銀行には不良な貸出先を倒産させて、整理することが求められています。そういう状態にある中では、銀行は、フリーキャッシュフローがマイナスの会社に倒産を迫ることになります。「会社の資金の流れが非常に悪いから、資金を融通してほしい」と銀行に泣きついても、到底無理と断わられます。

　銀行に融資を依頼するなら、「資金の流れが順調となる」ことを説明する必要があります。そのうえで、融資を依頼するようにしなければ、銀行は絶対に応じてくれません。その点だけは、十分に認識しておいてください。

15 計算式の注解(補足資料)・利用上の注意点

♠経営分析値の計算式の注解

経営分析値の計算式中の各項目で、注意の必要と思われる項目、あるいは計算式の明示が必要と思われる項目について解説すると、図表42のとおりです。

【図表42 分析値計算式の注解】

	項目	計算式・説明
1	平均従事員数	年間累計月末従事員数÷12
2	預金	当座預金＋普通預金＋定期預金
3	売上債権	受取手形＋売掛金＋不渡手形－貸倒引当金 なお、前受金を控除せず、割引手形は両建てを原則とします。
4	当座資金	預金＋当座預金＋普通預金＋定期預金＋受取手形＋売掛金 ＋有価証券＋その他の当座資産＋不渡手形－貸倒引当金
5	棚卸資産	商品＋製品＋半製品＋原材料＋仕掛品(半成品)＋貯蔵品
6	その他流動資産	有価証券＋その他の当座資産＋前渡金＋前払費用＋短期貸付金 ＋未収入金＋立替金＋仮払金＋未収還付法人税等＋仮払消費税等 ＋繰延税金資産＋その他の流動資産
7	有形固定資産	建設仮勘定を含みません。
8	固定資産	建設仮勘定を含みます。
9	買入債務	支払手形＋買掛金
10	借入金	短期借入金＋1年以内返済長期借入金＋割引手形＋長期借入金
11	流動負債	割引手形を含みます。
12	自己資本	資本の部合計
13	総資本	資産の部合計
14	売上原価	商品売上原価＋製品売上原価
15	商品売上原価	期首の商品＋商品仕入高－期末の商品
16	製品売上原価	期首の(製品＋半製品＋仕掛品)棚卸高＋当期総製造費用 －期末の(製品＋半製品＋仕掛品)棚卸高
17	当期材料費	期首材料棚卸高＋材料仕入高－期末材料棚卸高
18	当期労務費	賃金＋賞与＋雑給＋法定福利費＋厚生費＋退職金
19	当期製造経費	外注加工費など材料費・労務費以外の製造費用
20	売上原価按分率	製品売上原価÷当期総製造費用
21	販管人件費	販売員給与＋役員報酬＋事務員給与＋従業員賞与＋厚生費＋法定福利費
22	加工高(粗利益)	売上総利益＋(当期総製造費用－当期材料費－当期外注加工費 －当期消耗品費)×売上原価按分率
23	固定費	製品売上原価中の固定費＋販売費及び一般管理費＋営業外費用 －営業外収益 　製品売上原価中の固定費 　＝(当期総製造費用－材料費－外注加工費－消耗品費) 　　－棚卸高増減中の固定費

24	変動費	商品売上原価+(製品売上原価-製品売上原価中の固定費)
25	経常収入	売上収入+営業外収入 売上収入=純売上高-(期末売上債権-期首売上債権)+(期末割引手形-期首割引手形)+(期末前受収益-期首前受取収益)+(期末前受金-期首前受金)-貸倒償却 営業外収入=営業外収益-(期末未収入金-期首未収入金)
26	経常支出	売上原価+販売費及び一般管理費+営業外費用+(期末棚卸資産-期首棚卸資産)+(期末前払費用-期首前払費用)+(期末前渡金-期首前渡金)-(期末買入債務-期首買入債務)-(期末未払金-期首未払金)-(期末未払費用-期首未払費用)-(期末未払消費税等-期首未払消費税等)-(期末退職給与引当金-期首退職給与引当金)-減価償却費-貸倒償却-繰延資産償却
27	仕入代金支払高	商品仕入高-(期末支払手形+期末買掛金)+(期首支払手形+期首買掛金)+材料仕入高+外注加工費+製造消耗品費
28	短期借入金(含割手)	短期借入金+1年以内返済長期借入金+割引手形
29	有利子負債	短期借入金+1年以内返済長期借入金+長期借入金
30	減価償却費合計	減価償却費(製造)+減価償却費(販管費)
31	償却前営業利益	営業利益+減価償却費合計

♠計算式利用上の注意点

　上記の計算式等を利用する際に注意していただきたいのは、この計算式にあまりとらわれすぎないようにするということです。

　計算式を示すと、「この計算方法では、このような問題がある」「あのような疑問点が出てくる」などと、細かいことを気にする人がいます。

　大切なことは、経営分析は会社の問題点の傾向をつかむのが目的ですから、その分析値をみて、このような傾向をもたらしている原因は何かという仮説を立てて検証し、問題を解決することです。

　枝にとらわれていると、どうしても木を見ることができなくなります。計算式にとらわれすぎると、問題解決を忘れてしまうことになりかねません。

　経営分析では、正確性より、継続性のほうが重要だということを認識しておいてください。同じ会社では、同じ計算式を使って、数年間を分析することが重要なのです。あまり、その時々の経営分析値や、計算方法にこだわりすぎることは、問題解決にとって、かえってマイナスとります。

　例えば、図表42の3にあるように、TKCでは、売上債権に割引手形を含めていますが、実際の計算では、割引手形を含んでいなくても、それほど大きな問題となることはありません。

　経営分析とはそういうものだということを理解したうえで、この計算式を活用するようにしてください。

④ オメガ工業の経営分析・計算の実際

　オメガ工業の平成9年度の貸借対照表・損益計算書・キャッシュフロー計算書をもとに、経営分析計算をして実際の数値をみてみましょう。
　貸借対照表と損益計算書は、どの項目の数字を使って分析をすればよいか、分析式の計算項目との関係がわかるように、関係の項目に丸かこみの数字を付しています。

1　オメガ工業の収益性分析

♠平成9年9月期の決算書をもとに分析

　これから、オメガ工業の平成9年度の決算数値をもとに、実際に各種の分析を行います。この時期に倒産の前兆があるかをみるためです。
　経営分析に必要な資料は、貸借対照表と損益計算書です。ここでは、平成9年9月期のものを利用することにします。これから先のほとんどの分析が、この貸借対照表と損益計算書でできます。
　分析のための計算式は、一応TKCの経営分析の方法を採用していますが、ここでは貸借対照表の項目は、期首と期末の平均額をもとに分析するTKCとは違って、期首と期末の平均を取らないようにしました。

【図表43　オメガ工業の平成9年度貸借対照表】

平成9年9月　　　　　　　　　　　（単位：円）

資　産　の　部		負　債　の　部	
流動資産		負債の部	
現金預金	401,246,776	買入債務	③　258,907,590
売上債権	375,008,937	短期借入金	360,670,000
貸倒引当金	△ 3,502,000	引当金	13,740,904
有価証券	84,844,280	その他の流動負債	43,166,017
当座資産合計	857,597,993	流動負債合計	676,484,511
棚卸資産	193,424,834		
その他の流動資産	23,552,362	固定負債	
流動資産合計	①1,074,575,189	長期借入金	809,072,274
		退職給与引当金	17,621,744
		固定負債合計	826,694,018
固定資産		負債合計	1,503,178,529
有形固定資産	458,881,120	資　本　の　部	
無形固定資産	385,652	資本金	32,403,000
投資等	41,053,062	準備金	14,292,426
固定資産合計	500,319,834	剰余金	25,241,068
繰延資産	220,000		
		資本合計	④　71,936,494
資産合計	②1,575,115,023	負債・資本合計	②1,575,115,023

TKC方式のように、期首と期末を平均するのは、期中の平均残高に近づけようという考えです。期中に大きな変化がないときには、期首と期末の平均を取るのはよい方法です。しかし、会社の業績などが急激に変化しているときは、期首と期末を平均すると、情勢の変化が平準化されてかえって変化が読み取りにくくなるのです。

♠総資本営業利益率

収益性の分析では、損益計算書と貸借対照表の基本的な項目を対比させて、

【図表44　オメガ工業の平成9年度損益計算書】

平成8年10月～平成9年9月　　　　　　　　　　　（単位：円）

		勘定科目		金　　額	
経常損益の部	営業損益の部	売上高		⑤	1,308,324,002
		売上原価			1,087,235,695
		仕入	⑥	314,912,587	
		材料仕入	⑦	341,823,275	
		労務費		227,473,883	
		経費		207,524,484	
		うち外注費	⑧	75,694,178	
		減価償却費		58,390,679	
		在庫増減		△4,498,534	
		売上総利益		⑨	221,088,307
		販売費及び一般管理費			237,724,571
		うち役員報酬		25,807,368	
		その他人件費		101,183,540	
		減価償却費		4,035,346	
		営業損益		⑩	△16,636,246
	営業外損益の部	営業外収益			16,393,510
		受取利息・配当金		1,935,793	
		雑収入		14,457,717	
		営業外費用			33,170,077
		支払利息		33,101,594	
		雑損失		68,483	
		経常損益		⑪	△33,412,831
特別損益の部		特別利益			0
		特別損失			0
		税引前当期損益		⑫	△33,412,831
		法人税等			693,812
		当期損益			△34,106,643
		前期繰越利益			△38,252,289
		当期末処分損益			△72,358,932

その会社が儲けているかどうかをチェックします。
　オメガ工業の場合は、どうなっているでしょうか。
　まず、営業そのものから生まれる損益である営業損益と、投資総額である総資本との対比を行ってみます。必要な項目は、営業利益と総資本の金額です。営業利益は、損益計算書に記載されています。また、総資本とは、貸借対照表の資産合計、あるいは負債・資本合計のことです。
　これから総資本営業利益率を求めます。

営業利益＝△16,636千円⑩
総資本＝1,575,115千円②

$$総資本営業利益率 = \frac{営業利益}{総資本} = \frac{△16,636千円}{1,575,115千円} = △1.1\%$$

♠総資本経常利益率

　事業をするときは、借入金に対する利息を支払うことが必要となります。支払利息を支払ったあとの損益は、経常損益として損益計算書に記載されます。
　営業利益に代わって、経常利益と総資本との対比をすると、総資本経常利益率が計算されます。

経常利益＝△33,412千円⑪
総資本＝1,575,115千円②

$$総資本経常利益率 = \frac{経常利益}{総資本} = \frac{△33,412千円}{1,575,115千円} = △2.1\%$$

　総資本営業利益率と総資本経常利益率をみると、ともにマイナスの値です。マイナスの値も1年だけで終わるようなら、特に大きな問題とはなりません。しかし、オメガ工業は、これ以前もマイナスで、これからもマイナスが続くことになります。これでは、事業として成り立っていないという結論にならざるを得ない状況です。

♠自己資本利益率（税引前）

　上記二つの比率は、投資総額である総資本と利益との関係をみたものです。投資者である株主の立場で考えると、自己資本と利益との関係をみておくのがよいでしょう。
　このときの利益（税引前）というのは、損益計算書に記載されている税引前当期利益のことです。一方、自己資本というのは、貸借対照表に記載されている資本の部の合計額のことです。

```
税引前当期利益＝△33,412千円⑫
自己資本＝71,936千円④
```

$$\text{自己資本利益率（税引前）} = \frac{\text{税引前当期利益}}{\text{自己資本}} = \frac{△33,412千円}{71,936千円} = △46.4\%$$

　自己資本利益率は、株主としての投資効果をはかるものです。上場株式などに投資するときは、この比率は投資判定の資料として重要となります。ところが、本書で取り上げるように、その会社自体のどこに問題があるのかを検討するためには、この比率より、総資本利益率のほうが重要なのです。

♠総資本回転率

　総資本利益率は、次のように分解できます。

$$\text{総資本利益率} = \frac{\text{利益}}{\text{総資本}} = \frac{\text{利益}}{\text{売上高}} \times \frac{\text{売上高}}{\text{総資本}}$$

　この式で、（利益÷売上高）は売上高利益率で、（売上高÷総資本）は総資本回転率を、それぞれ意味します。資本の回転率は、多いほうがよいのです。少ない資本で、効率よく事業ができているのです。

　平成9年9月期の総資本回転率は、次のように計算されます。

```
売上高＝1,308,324千円⑤
総資本＝1,575,115千円②
```

$$\text{総資本回転率} = \frac{\text{売上高}}{\text{総資本}} = \frac{1,308,324千円}{1,575,115千円} = 0.8回$$

　ここから、総資本は1年に0.8回回転していることがわかります。ほんとうは、1回転以上していることが望ましいのですが、このときすでに効率が悪くなっていたため、0.8回の回転しかしていなかったことになります。

♠総資本回転期間

　総資本回転率は、総資本が1年間で何回転するかをみるのですが、TKCでは、総資本回転期間を採用します。

　総資本回転期間というのは、総資本は何日間の売上高と同じかをみるもので、何日で総資本の回収ができているかを示します。計算式としては、総資本回転率と逆になり、表示は日数で表示されます。

総資本＝1,575,115千円②
売上高＝1,308,324千円⑤

$$総資本回転期間 = \frac{総資本}{売上高} \times 365日$$

$$= \frac{1,575,115千円}{1,308,324千円} \times 365日 = 439.4日$$

このように総資本回転期間をみると、総資本を回収するのに439.4日分の売上が必要ということがわかるのです。

♠各資産・負債の回転期間

総資本回転期間をみただけでは、何が原因で439.4日という長い回転期間になっているのかがわかりません。そこで、各資産及び負債の科目ごとに回転期間を計算し、どの科目の回転期間が長くなっているのかをみます。

流動資産を例にとって、回転期間を計算してみると、次のとおりです。

流動資産＝1,074,575千円①
売上高＝1,308,324千円⑤

$$流動資産回転期間 = \frac{流動資産}{売上高} \times 365日$$

$$= \frac{1,074,575千円}{1,308,324千円} \times 365日 = 299.8日$$

流動資産の299.8日という回転期間は、極めて長いものとなっています。流動資産の内訳として、現金預金の回転期間が111.9日、売上債権が103.6日で、合計215.5日となっており、二つの項目で流動資産のうち70％以上を占めています。

現金預金の回転期間が長いのは、銀行の借入金の担保として定期預金が拘束されていることを意味しています。

売上債権回転期間が長いのは、得意先の業績が悪くなってきており、回収が遅れ気味になっていることを意味しています。実際にオメガ工業では、平成10年に大口の得意先の倒産がありました。

売上債権の内容としては、手形割引高は債権に含めていませんので、決済条件からみると、103.6日という回転期間は長すぎます。請求締め日から1か月後に手形を回収するとして、数か月の期間の債権が残ることになります。

【図表45　仕入代金支払高の求め方】

買入債務（支払手形・買掛金）勘定の元帳

(1)＋(2)－(3)　　　　　仕入代金支払高	支払手形・買掛金期首残高 (1)…期首貸借対照表と一致
	当期商品仕入高 当期材料仕入高 当期外注加工費 当期製造消耗品費　(2)…損益計算書と一致
支払手形・買掛金期末残高(3) …期末貸借対照表と一致	

　ところが、ほとんどは手形を割引に出しますので、売上債権としては数十日の回転期間が相当な長さなのに、それ以上の回転期間になっているのは、手形割引ができない手形で回収していたことになります。

　割引できない手形で回収していたことは、その得意先の信用状況が極めて悪くなっていることを示しています。このような状態が、次第にオメガ工業の信用状態に悪い影響を及ぼすことになっていきます。

　流動負債や固定負債、自己資本についても同じように回転期間を計算します。計算方法は、資産と同じで次のようになります。

$$負債・資本の回転期間 = \frac{負債・資本の各項目}{売上高} \times 365日$$

　このように、回転期間は一般的には売上高で計算します。しかし、買入債務については、仕入代金の何日分が残っているのかわかりませんので、買入債務だけは、売上高でなく、仕入代金支払額で回転期間を計算してみます。

　図表45は、仕入代金支払高の求め方を図示したものです。

買入債務＝258,907千円③
仕入代金支払高＝商品仕入⑥＋材料仕入⑦＋外注費⑧
　　　　　　＝314,913千円＋341,823千円＋75,694千円＝732,430千円

$$買入債務（支払基準）回転期間 = \frac{買入債務}{仕入代金支払高} \times 365日$$
$$= \frac{258,907千円}{732,430千円} \times 365日 = 129.0日$$

この回転期間は、買入債務は、仕入代金等の何日分未払いで残っているかを示すことになります。時系列でみると、平成9年9月期だけが、異常に長くなっており、他の期では期間が短くなっています。

この期に買入債務（支払基準）回転期間が長くなっているのは、売上債権が滞留していたことと関係します。

売上債権のうちの受取手形の一部を、裏書して買入債務の支払いに当てることがあります。この期には、この裏書も自由にできなかったことがうかがえるのです。

この分析における買入債務というのは、支払手形と買掛金の合計額のことです。TKCで採用している仕入代金支払高は、商品仕入、材料仕入、外注費、製造消耗品費の支払額を計算したものです。（図表45参照）

通常の損益計算書では、材料費としますが、これは期首と期末の在庫を調整したものです。この分析で使用した材料仕入というのは、在庫の調整をする前の期中の材料仕入の合計額です。

支払高は、期首の買入債務と期末の買入債務の調整が必要となります。ただし、オメガ工業の計算は、期首と期末の買入債務の調整を行なっていません。売上高については、期首と期末の売上債権の調整を行なっていないことと同じようにしたかったためです。

この買入債務（支払基準）回転期間のように、独自の計算方法をとることは、問題のように思われるかもしれません。しかし、現実問題として、分析の対象となる会社について、同じような方式を継続して取ってさえいれば、問題とはなりません。

経営分析をするのに、同業他社などの経営指標との比較だけをたよりにしようとすると、その経営指標で採用した方式以外は取らないほうがよいことになります。

しかし、経営指標の使い方で説明したように、経営指標との比較は、参考とする程度でよいのです。その会社における時系列の分析値の比較をするほうが、数段重要となるのです。ですから、オメガ工業の経営分析について、同じ方式を採用しているのなら問題なしといえるのです。

♠自己資本回転期間

自己資本の回転期間も、資産や負債の回転期間と同じように、売上高との対比で計算します。

自己資本以外の資産や負債という科目は、回転期間が長いと、その長い理由を検討することが必要となりますが、この自己資本回転期間だけは、長ければ長いほどよいのです。つまり、それだけ内部留保が厚いことになるからです。

```
自己資本＝71,936千円④
売上高＝1,308,324千円⑤

自己資本回転期間＝ 自己資本/売上高 ×365日
               ＝ 71,936千円/1,308,324千円 ×365日
               ＝20.1日
```

♠売上高利益率

売上高と各種利益との対比で、売上高利益率を計算します。例えば、売上総利益率は、次のように計算します。

```
売上高＝1,308,324千円⑤
売上総利益＝221,088千円⑨

売上総利益率＝ 売上総利益/売上高 ×100
          ＝ 221,088千円/1,308,324千円 ×100
          ＝16.9％
```

売上総利益を計算するにも、それ以前に商品仕入高や製造関係で材料費、労務費、外注費、その他の経費という費用がかかっています。それぞれの費用が、売上高とどのようなバランスになっているかをみるために、売上総利益率だけでなく、売上高と各費用との比率も表示しています。

これらの売上高と費用とのバランスをみることによって、利益率が悪いとすれば、どこに原因があるかがわかるのです。

一般論的にいうと、オメガ工業の分析値は、売上総利益率が低すぎます。製造業の場合、原材料を使って、原材料とはまったく違うものに仕上げることが多いのです。原材料をまったく違うものに仕上げるというのは、それだけ付加価値が高いはずです。

付加価値の説明は後述しますが、付加価値が高いということは、その分、儲けが多くなくてはならないのです。その儲けの基本は、売上総利益率に出てきます。これが低いということは、メーカーとして付加価値をつけることができていないことを意味しているのです。

①オメガ工業の収益性分析

2 オメガ工業の生産性分析

♠1人当り売上高（月）

生産性は、その会社の儲けに対し、そこで働く人がどれだけ貢献しているか、設備がどれだけ貢献しているかをみるものです。

まず、1人当りの1か月の売上高を計算します。これは、1人当りの1か月の儲けを表示したいためです。これによって、従業員の1か月の人件費とのバランスを考えやすくしているのです。

> 売上高（年）＝1,308,324千円③
> 従事員数＝85名（図表1）

【図表46　オメガ工業の平成9年度貸借対照表】

平成9年9月　　　　　　　　　　　　　　　　（単位：円）

資　産　の　部		負　債　の　部	
流動資産		負債の部	
現金預金	401,246,776	買入債務	258,907,590
売上債権	375,008,937	短期借入金	360,670,000
貸倒引当金	△3,502,000	引当金	13,740,904
有価証券	84,844,280	その他の流動負債	43,166,017
当座資産合計	857,597,993	流動負債合計	676,484,511
棚卸資産	193,424,834		
その他の流動資産	23,552,362	固定負債	
流動資産合計	,074,575,189	長期借入金	809,072,274
		退職給与引当金	17,621,744
		固定負債合計	826,694,018
固定資産		負債合計	1,503,178,529
有形固定資産	① 458,881,120	資　本　の　部	
無形固定資産	385,652	資本金	32,403,000
投資等	41,053,062	準備金	14,292,426
固定資産合計	500,319,834	剰余金	25,241,068
繰延資産	220,000		
		資本合計	71,936,494
資産合計	②1,575,115,023	負債・資本合計	②1,575,115,023

108　④オメガ工業の経営分析・計算の実際

$$1人当り売上高(月) = \frac{売上高(年)}{(従事員数 \times 事業年度の月数)}$$

$$= \frac{1,308,324千円}{(85名 \times 12月)} = 1,283千円$$

♠1人当り加工高（粗利益）（月）

1人当り加工高を求めるには、会社全体の加工高を計算する必要があります。

【図表47　オメガ工業の平成9年度損益計算書】
平成8年10月～平成9年9月　　　　　　　　　　　　　　　　（単位：円）

	勘定科目		金　額	
経常損益の部	営業損益の部	売上高		③ 1,308,324,002
		売上原価		1,087,235,695
		仕入	314,912,587	
		材料仕入	341,823,275	
		労務費	④ 227,473,883	
		経費	207,524,484	
		うち外注費	75,694,178	
		減価償却費	⑤ 58,390,679	
		在庫増減	△4,498,534	
		売上総利益		⑥ 221,088,307
		販売費及び一般管理費		237,724,571
		うち役員報酬	⑦ 25,807,368	
		その他人件費	⑧ 101,183,540	
		減価償却費	4,035,346	
		営業損益		△16,636,246
	営業外損益の部	営業外収益		16,393,510
		受取利息・配当金	1,935,793	
		雑収入	14,457,717	
		営業外費用		33,170,077
		支払利息	33,101,594	
		雑損失	68,483	
		経常損益		⑨ △33,412,831
特別損益の部		特別利益		0
		特別損失		0
		税引前当期損益		△33,412,831
		法人税等		693,812
		当期損益		△34,106,643
		前期繰越利益		△38,252,289
		当期未処分損益		△72,358,932

TKCでは、加工高は次のように求めることにしています。

> 加工高＝売上総利益＋（当期総製造費用－当期材料費－当期外注加工費
>   －当期製造消耗品費）×売上原価按分率

ここでいう売上原価按分率とは、次のようにして求めます。

$$売上原価按分率＝\frac{製品売上原価}{当期総製造費用}$$

以上の加工高を、従事員数と事業年度の月数で割れば月当りの加工高が計算されます。

また、TKCに反抗しているようですが、このような計算式でなくても、これに近い計算ができれば、大きな問題がないことは、収益性のところで説明したとおりです。

ここでは、加工高を次のように計算しました。

> 加工高＝売上総利益＋労務費＋減価償却費（製造）

売上総利益に加算しているのは、労務費と減価償却費だけです。TKCの計算式では、総製造費用から材料費、外注加工費、消耗品費を除いたものとして計算しています。そのほとんどの部分は、労務費と減価償却費になりますので、このような計算式としました。

また、売上原価按分率を考慮すれば、精密な加工高を計算できますが、経営分析の場合、あまり精密でなくても、それほど問題になることはありません。そのため、売上原価按分率も考慮しないで計算することにしました。

その結果、1人当り加工高（月）は、次のように計算できます。

> 売上総利益＝221,088千円⑥　　労務費＝227,473千円④
> 減価償却費＝58,390千円⑤　　従事員数＝85名
>
> $$\begin{aligned}1人当り加工高（月）&＝\frac{（売上総利益＋労務費＋減価償却費（製造））}{（従事員数×事業年度の月数）}\\&＝\frac{（221,088千円＋227,473千円＋58,390千円）}{（85名×12月）}\\&＝497千円\end{aligned}$$

これで、オメガ工業では、1人で1か月に497千円の儲けを生み出している

ことがわかります。

　この1人当り加工高は、儲けの源泉です。従業員の立場でみると、1人で稼いだ儲けの中から、自分の給料を取り、借入金の金利を払い、機械や設備などの償却費を負担し、そして、会社の利益を得ることが可能となるのです。

　オメガ工業の1人当り加工高497千円という金額は、はたして高いと思われるでしょうか、低いと思われるでしょうか。自分の給料は、賞与も計算して、毎月20万円そこそこでよいという人には、なかなかの儲けとなるでしょう。

　それで満足できるかどうかは、他の会社と比べてどうかというより、自分自身の会社として、あるいは自分自身としてどうかを中心に考えてみるほうがよいように思います。

♠加工高（粗利益）比率

　加工高（粗利益）比率は、上記の1人当り売上高（月）と1人当り加工高（粗利益）（月）をもとに、次のようにして求めることができます。

$$加工高（粗利益）比率 = \frac{1人当り加工高}{1人当り売上高} \times 100$$

$$= \frac{497千円}{1,283千円} \times 100 = 38.7\%$$

　売上高の38.7％が儲けであるというのが、オメガ工業の実態です。

♠1人当り人件費（月）

　1人当り人件費（月）は、製造部門と営業部門、その他の管理部門の人件費を合算して計算します。

　人件費の中には、製造部門の賃金、役員報酬、営業や管理部門の給与だけでなく、賞与、退職金、法定福利費、福利厚生費など労務に関する費用がすべて含まれます。

　オメガ工業の場合、次の項目が人件費です。

> 製造労務費＝227,473千円④
> 役員報酬＝25,807千円⑦
> 販売費及び一般管理費におけるその他人件費＝101,183千円⑧

　1人当り人件費は、次頁の計算式にあるように、上記の金額を合計し、従事員数で割ったものです。

$$1人当り人件費（月） = \frac{人件費合計}{(従事員数 \times 事業年度の月数)}$$

$$= \frac{354,463千円}{(85名 \times 12月)} = 348千円$$

♠労働分配率

以上のとおり、1人当り加工高と1人当り人件費が計算できましたので、労働分配率を計算することができます。

$$労働分配率 = \frac{1人当り人件費}{1人当り加工高} \times 100$$

$$= \frac{348千円}{497千円} \times 100 = 69.9\%$$

オメガ工業では、儲けの約70％を人件費に充当していたことがわかります。

会社を成り立たせている基本はヒトですが、それ以外に設備であったり、株主や債権者からの出資というものが必要です。設備へは減価償却費、株主に対しては当期利益、債権者特に銀行については支払利息という分配をすることが必要となります。

これらの分配は、会社の儲けである加工高の中からしていくことになります。加工高を従事員、設備、株主、債権者に分配しようとしても、従事員がそのうちの70％も取っていたのでは、まともに分配することができません。

TKCの経営指標でも、労働分配率は66.7％（153頁の図表64）と非常に高いものとなっていますが、この指標自体も高いものと考えるべきでしょう。

従事員以外に、設備、株主、債権者に分配をするなら、従事員に対しては高くても50％程度の分配にしなければいけないと思います。

ただし、この50％というのは、何らかの基準があるわけではなく、筆者の今までの経験に基づく勘のようなものです。あなたの会社では、どの程度の労働分配率が適切かを判断することが必要でしょう。

♠1人当り総資本

1人当り総資本は、会社全体で、従事員1人に対しどの程度の投資をしているかを示すものです。これは、次のようにして求めます。

```
総資本＝1,575,115千円②
従事員数＝85名

1人当り総資本＝ 総資本 / 従事員数

            = 1,575,115千円 / 85名 ＝18,531千円
```

オメガ工業では、1人に対し1,850万円もの投資をしていることになります。これだけの投資をしているのなら、しっかり儲けてもらわなくてはという気持になります。

♠1人当り有形固定資産

総資本の中には、その会社の営業の中心ではない株式投資なども含まれることがあります。営業だけを考えるなら、1人当りの設備で、1人当りへの投資額を計算するほうがよいことになります。

そこで、1人当り有形固定資産を計算するのですが、計算は簡単で、次のようになります。

```
有形固定資産＝458,881千円①
従事員数＝85名

1人当り有形固定資産＝ 有形固定資産 / 従事員数

                  = 458,881千円 / 85名 ＝5,399千円
```

オメガ工業では、土地・建物や機械などの設備として1人当り約540万円を投資していることがわかります。

♠加工高設備生産性

1人当り加工高と1人当り有形固定資産がわかれば、設備がどれだけの儲けをもたらしているのかが計算できます。

ただし、1人当り加工高は、月単位で計算していましたので、ここではまた1年間に置きなおして計算します。通常、売上高の規模等は、年単位で表示することが多いため、設備などの儲けの場合は、1年でどの程度儲けたかを表示

するのです。

$$加工高設備生産性 = \frac{（1人当り加工高 \times 事業年度の月数）}{1人当り有形固定資産} \times 100$$

$$= \frac{（497千円 \times 12）}{5,399千円} \times 100 = 110.5\%$$

　この加工高設備生産性は、人の生産性で問題となる労働分配率のように、一目瞭然、良し悪しを把握できるものではありません。
　加工高設備生産性の意味するのは、540万円の投資をして、その設備当りの1年間での儲けが111％であるということです。金額では、約599万円の儲けということです。儲けといっても、加工高ですから、ここから人件費や金利の支払いをしなければいけません。この比率や金額が、はたして高いのかどうかは、指標や過去の実績と比較してもわかりません。
　540万円の投資をして、どれだけの儲けを目標としていたかで判断すべきです。会社として、540万円の投資に対し、年間800万円儲けようとしたのか、500万円だけ儲けようとしたのかによって、その良し悪しを判断するしかないのです。

♠ 1人当り経常利益（月）

　ここで表示されている1人当り経常利益というのは、経営分析上は、特に重要な意味があるわけではありません。
　1人当り加工高などをみていると、数値はすべてプラスの金額で表示されますから、これだけをみていると、儲かっているような感じになります。そこで1人当り経常利益の金額を表示することによって、ほんとうに今の加工高で儲かっているのかどうかを判定します。

経常利益 = △33,412千円 ⑨
従事員数 = 85名

$$1人当り経常利益（月） = \frac{経常利益}{（従事員数 \times 事業年度の月数）}$$

$$= \frac{△33,412千円}{（85名 \times 12月）} = △33千円$$

　オメガ工業の場合、ここ数年は赤字続きでした。儲けを分配するという話で考えると、株主への分配はまったくできていなかったことになります。

3 オメガ工業の安全性分析

♠流動比率

流動比率については、分析方法として問題があるということを指摘してきました。あまり、参考にならない比率であると思われますが、一応、この比率の求め方を説明します。

流動比率は、貸借対照表の流動資産と流動負債から求めます。

> 流動資産＝1,074,575千円⑥
> 流動負債＝676,484千円⑬

【図表48　オメガ工業の平成9年度貸借対照表】

平成9年9月　　　　　　　　　　　　　　　　　　（単位：円）

資　産　の　部			負　債　の　部		
流動資産			負債の部		
現金預金	①	401,246,776	買入債務	⑩	258,907,590
売上債権	②	375,008,937	短期借入金	⑪	360,670,000
貸倒引当金	③	△3,502,000	引当金	⑫	13,740,904
有価証券		84,844,280	その他の流動負債		43,166,017
当座資産合計	④	857,597,993	流動負債合計	⑬	676,484,511
棚卸資産	⑤	193,424,834			
その他の流動資産		23,552,362	固定負債		
流動資産合計	⑥	1,074,575,189	長期借入金	⑭	809,072,274
			退職給与引当金	⑮	17,621,744
			固定負債合計		1,503,178,529
固定資産			負債合計		1,435,132,935
有形固定資産		458,881,120	資　本　の　部		
無形固定資産		385,652	資本金		32,403,000
投資等		41,053,062	準備金		14,292,426
固定資産合計	⑦	500,319,834	剰余金		25,241,068
繰延資産	⑧	220,000			
			資本合計	⑯	71,936,494
資産合計	⑨	1,575,115,023	負債・資本合計	⑨	1,575,115,023

【図表49　オメガ工業の平成9年度損益計算書】

平成8年10月～平成9年9月　　　　　　　　　　　（単位：円）

勘定科目			金　額	
経常損益の部	営業損益の部	売上高	⑰	1,308,324,002
		売上原価	⑱	1,087,235,695
		仕入　　　　　　　　　　314,912,587		
		材料仕入　　　　　　　　341,823,275		
		労務費　　　　　　　　　227,473,883		
		経費　　　　　　　　　　207,524,484		
		うち外注費　　　　　　 75,694,178		
		減価償却費　　　⑲　　 58,390,679		
		在庫増減　　　　　　　　△4,498,534		
		売上総利益		221,088,307
		販売費及び一般管理費	⑳	237,724,571
		うち役員報酬　　　　　　 25,807,368		
		その他人件費　　　　　　101,183,540		
		減価償却費　　　　㉑　　　4,035,346		
		営業損益		△16,636,246
	営業外損益の部	営業外収益	㉒	16,393,510
		受取利息・配当金　㉓　　　1,935,793		
		雑収入　　　　　　　　　 14,457,717		
		営業外費用	㉔	33,170,077
		支払利息　　　　　㉕　　 33,101,594		
		雑損失　　　　　　　　　　　 68,483		
		経常損益		△33,412,831
特別損益の部		特別利益		0
		特別損失		0
		税引前当期損益		△33,412,831
		法人税等		693,812
		当期損益		△34,106,643
		前期繰越利益		△38,252,289
		当期未処分損益		△72,358,932

$$流動比率 = \frac{流動資産}{流動負債} \times 100$$

$$= \frac{1,074,575千円}{676,484千円} \times 100 = 158.8\%$$

　この数値なら、そんなに悪くない数値というのが一般的な見方になるかもしれませんが、この計算式からわかることは、今の流動資産の残高だけで今現在

【図表50　オメガ工業の平成8年度貸借対照表】

平成8年9月　　　　　　　　　　　　　　　（単位：円）

資　産　の　部			負　債　の　部		
流動資産			負債の部		
現金預金	㉖	420,626,374	買入債務	㉚	230,355,371
売上債権	㉗	327,573,957	短期借入金		442,208,000
貸倒引当金	㉘	△3,084,000	引当金	㉛	13,803,749
有価証券		84,844,280	その他の流動負債		34,522,807
当座資産合計		829,960,611	流動負債合計		720,889,927
棚卸資産	㉙	188,926,300			
その他の流動資産		5,983,880	固定負債		
流動資産合計		1,024,870,791	長期借入金		697,922,319
			退職給与引当金	㉜	16,320,689
			固定負債合計		714,243,008
固定資産					
有形固定資産		503,883,253	負債合計		1,435,132,935
無形固定資産		385,652	資　本　の　部		
投資等		12,036,376	資本金		32,403,000
固定資産合計		516,305,281	準備金		114,292,426
			剰余金		59,347,711
繰延資産		220,000			
			資本合計		106,043,137
資産合計		1,541,176,072	負債・資本合計		1,541,176,072

の流動負債の支払いが可能かを判断しているだけということです。

　収益性のところで、回転率とか回転期間という考えが出てきました。資産も負債もともに、ある一定の時点の残高で固定されているわけではありません。

　資産も負債も、お金が入ったり出ていったりということを繰り返しながら、日々変化し、回転しているのです。日々回転しているものを、ある一定の時点で取りだして、安全かどうかをみるというのは、いささか無理があるのです。

♠当座比率

　当座比率も、流動比率と同じように、一時点のバランスをみるものです。
　求め方は、次のとおりです。

当座資産＝857,597千円④
流動負債＝676,484千円⑬

$$当座比率 = \frac{当座資産}{流動負債} \times 100$$

$$= \frac{857,597千円}{676,484千円} \times 100 = 126.8\%$$

　この比率も、流動比率と同じような欠陥があります。実際には、この比率も、あまり意味がないものと考えて差し支えないものです。
　このような流動比率や当座比率という、あまり意味のない分析値をTKCが表示していることに問題がないわけではありません。しかし、これらは、歴史的に古い分析値ですし、広く一般に知られているので、載せないわけにはいかない分析値ということかもしれません。
　貸借対照表の説明（37頁）で、貸借対照表の古い見方として、資金の調達と運用でみる見方を説明しました。
　自己資本と他人資本（借入金など）で資金を調達し、それを資産として運用しているという見方です。資金の調達や運用といっても、これは過去に調達した結果であり、運用した結果です。このような過去の調達と運用について、バランスがとれているかどうかをみようという考えが出てきました。
　他人資本は、短期間で返済するかどうかで、区分します。短期間で返済する他人資本は、流動負債です。この流動負債の返済に困ることがないようなら、資金運用のバランスがとれているという考え方で、分析をするようになったのです。これが、流動比率であり、当座比率です。
　資金の調達と運用という考え方は、過去の実績を整理したものにすぎません。過去の実績だけに基づいて、今後の返済が困らないかをみようというのが、流動比率や当座比率です。過去だけで、将来の安全性をみようというのは、実務的には無理があるのです。

♠預金対借入金比率

　これは、預金と借入金とのバランスをみる比率で、求め方は次のとおりです。

預金＝401,246千円①（この金額は、わずかながら現金を含んでいます）
借入金＝短期借入金＋長期借入金
　　　＝360,670千円⑪＋809,072千円⑭＝1,169,742千円

$$預金対借入金比率 = \frac{預金}{借入金} \times 100$$

$$= \frac{401,246千円}{1,169,742千円} \times 100 = 34.3\%$$

実務的にはあまり意味がない流動比率や当座比率に対して、この預金対借入金比率は、銀行との取引関係をみるのに使える比率です。
　借入金をしても、実際にその資金を使わず預金においておくのは、会社の資金に余裕があるという見方もできます。
　しかし、借入をしてもその資金を使わずにおいておくのは、実質金利を高くすることになるわけです。そのように考えると、この比率が高いことは、銀行に対して弱い立場にあることの現れとみることができるのです。

♠借入金対月商倍率（月）

　これは、借入金が月商の何倍になっているかを示すものです。求め方は、次のとおりです。

$$借入金 = 短期借入金 + 長期借入金$$
$$= 360,670千円⑪ + 809,072千円⑭ = 1,169,742千円$$

$$月商 = \frac{売上高}{事業年度の月数}$$

$$= \frac{1,308,324千円⑰}{12月} = 109,027千円$$

$$借入金対月商倍率 = \frac{借入金}{月商}$$

$$= \frac{1,169,742千円}{109,027千円} = 10.7月$$

　つまり、オメガ工業では、月商の10.7か月分の借入金があったことを意味しています。この数値は、できるだけ小さいほうが望ましいのです。

♠固定比率

　この比率も、図表48の貸借対照表から計算します。

$$固定資産 + 繰延資産 = 500,319千円⑦ + 220千円⑧ = 500,539千円$$
$$自己資本 = 71,936千円⑯$$

$$固定比率 = \frac{(固定資産 + 繰延資産)}{自己資本} \times 100$$

$$= \frac{500,539千円}{71,936千円} \times 100 = 695.8\%$$

ここに出てくる自己資本には、過去の利益を内部に留保した総額が含まれています。この比率も、貸借対照表の一時点の残高を比較するだけですが、過去に内部留保した累計額が自己資本に含まれている、という点から利用価値があるものとなっています。

オメガ工業の場合、695.8％という数値は、自己資本の7倍近くの設備投資をしていることになり、投資額が大きすぎるという心配があります。

♠固定長期適合率

固定比率と違って、ここでは、自己資本に固定負債を加算したもので、投資のバランスをみることになります。

固定資産＋繰延資産＝500,319千円⑦＋220千円⑧＝500,539千円
総資本－流動負債＝1,575,115千円⑨－676,484千円⑬＝898,630千円

$$固定長期適合率 = \frac{(固定資産＋繰延資産)}{(総資本－流動負債)} \times 100$$

$$= \frac{500,539千円}{898,630千円} \times 100 = 55.7\%$$

この比率でみると、投資額は固定負債を主な資金源として、その範囲内で行われていることになります。

一般的な説明では、これならあまり問題がないことになるかもしれません。このように、先の流動比率や当座比率と同じく、固定長期適合率も、あまり使えるものではありません。

固定資産等と自己資本を比較した固定比率は、ある程度、過大投資かどうかの判断が可能でした。これは、今の残高の比較ですが、自己資本には、過去に蓄積した儲けが含まれています。

過去のものであっても、儲けはその会社の活動の結果です。資産運用の良し悪しを判断しようとするなら、会社の活動状況と比較しなければならないのです。それは会社の損益であり、キャッシュフローということになります。

資産の運用状況を会社の活動状況とだけ比較するときはよいのですが、固定長期適合率は、たまたま残高となっている固定負債も比較の対象にしていますので、使えないものになってしまうのです。

♠自己資本比率

自己資本比率というのは、一般によく知られた比率ですが、次のようにして、求めます。

```
自己資本＝71,936千円⑯
総資本＝1,575,115千円⑨

自己資本比率＝ 自己資本 ×100
              総資本

           =  71,936千円   ×100＝4.6％
             1,575,115千円
```

　自己資本比率は、高いほうがよいのですが、この数値4.6％は、あまりにも低すぎるのです。この数値をみると、金融機関の自己資本比率をみているような感じです。

　昨今、金融機関の自己資本比率が８％とか10％と、とかく問題とされていますが、10％以下のようなレベルの数値が、いかに低いのかがわかっていただければよいと思います。

♠経常収支比率

　経常収支比率は、経常収入と経常支出のバランスをみる比率です。

　経常収入というのは、売上高などのように毎期資金が入ってくるかを示す資金の額です。経常支出というのは、仕入高などのように毎期出て行く資金の額です。

　収入と支出のそれぞれの額は、次のように計算します。

```
経常収入＝売上収入＋営業外収入
       ＝1,260,889千円＋16,393千円＝1,277,282千円
 売上収入＝売上高＋期首売上債権－期末売上債権
       ＝1,308,324千円⑰＋327,573千円㉗－375,008千円②
       ＝1,260,889千円
営業外収入＝営業外収益＋期首未収入金－期末未収入金
       ＝16,393千円㉒＋0－0＝16,393千円
 経常支出＝売上原価＋販売費及び一般管理費＋営業外費用
        －（期首棚卸高－期末棚卸高）＋（期首買入債務－期末買入債務）
        －減価償却費＋期首引当金－期末引当金
       ＝1,087,235千円⑱＋237,724千円⑳＋33,170千円㉔
        －（188,926千円㉙－193,424千円⑤）＋（230,355千円㉚－258,907千円⑩）
        －（58,390千円⑲＋4,035千円㉑）
        ＋（3,084千円㉘＋13,803千円㉛＋16,320千円㉜）
        －（3,502千円③＋13,740千円⑫＋17,621千円⑮）
       ＝1,269,993千円
```

$$経常収支比率 = \frac{経常収入}{経常支出} \times 100$$

$$= \frac{1,277,282 千円}{1,269,993 千円} \times 100 = 100.6\%$$

以上の計算式をみると、なんだかややこしい形式ばかりがならんでいて、いやになるくらいです。ここで、この計算式の考え方を整理しておきましょう。

経常収入については、売上債権の期首と期末の調整を行なうことが中心となります。このような調整を必要とするのは、収益として決算に計上されても、その金額がそのまま収入として資金が入ってくるわけではないからです。

一方、経常支出については、まず、在庫、買入債務の期首と期末の調整を行うことが必要です。支出についてはこれだけでなく、減価償却費や引当金など社外に資金が出て行かない費用を支出から除外することも必要となるのです。

♠実質金利率

実質金利率は、銀行からの借入金に対する実質的な金利を表示しようというものです。銀行から資金の融資を受けても、その一部を定期預金などで銀行においておくことは、実質的な金利引上げになってしまいます。

```
支払利息＝33,101千円㉕
受取利息・配当金＝1,935千円㉓（配当金はないものとします）
借入金＝短期借入金＋長期借入金
     ＝360,670千円⑪＋809,072千円⑭
     ＝1,169,742千円
現金預金＝401,246千円①（ほとんどが定期預金であるものとします）
```

$$実質金利率 = \frac{(支払利息 - 受取利息)}{(借入金 - 定期預金)} \times 100$$

$$= \frac{(33,101千円 - 1,935千円)}{(1,169,742千円 - 401,246千円)} \times 100 = 4.1\%$$

銀行によっては、この実質金利率が10%となることを目標に、定期預金をかき集めているところがあるそうです。このときの定期預金には、会社だけでなく、社長個人の定期預金も含まれていますので、この分析とは若干の差があります。しかし、それと比べると、まだオメガ工業の実質金利率は、赤字企業としてはまともな線といえるでしょう。

4 オメガ工業の債務償還能力分析

♠ギアリング比率

ギアリング比率というのは、有利子負債と自己資本とのバランスをみるものです。

負債は、滑車の役割を果たし、自己資本が少なくても、大きな投資効果をあげることができます。その反面、事業全体の利益率が低下すると、大きな負担になるものです。

今は、長引く平成不況の真っ只中にあります。悲観的過ぎるかもしれませんが、筆者は、この不況からは、簡単に抜けられそうにないと考えています。このようなときは、有利子負債はできるだけ少なくしないといけません。そのためには、ギアリング比率は、低いほうがよいのです。

【図表51　オメガ工業の平成9年度貸借対照表】

平成9年9月　　　　　　　　　　　　　　　　（単位：円）

資　産　の　部		負　債　の　部		
流動資産		負債の部		
現金預金	401,246,776	買入債務		258,907,590
売上債権	375,008,937	短期借入金	①	360,670,000
貸倒引当金	△3,502,000	引当金		13,740,904
有価証券	84,844,280	その他の流動負債		43,166,017
当座資産合計	857,597,993	流動負債合計		676,484,511
棚卸資産	193,424,834			
その他の流動資産	23,552,362	固定負債		
流動資産合計	1,074,575,189	長期借入金	②	809,072,274
		退職給与引当金		17,621,744
		固定負債合計		1,503,178,529
固定資産		負債合計		1,435,132,935
有形固定資産	458,881,120	資　本　の　部		
無形固定資産	385,652	資本金		32,403,000
投資等	41,053,062	準備金		14,292,426
固定資産合計	500,319,834	剰余金		25,241,068
繰延資産	220,000			
		資本合計	③	71,936,494
資産合計	1,575,115,023	負債・資本合計		1,575,115,023

④オメガ工業の債務償還能力分析

【図表52　オメガ工業の平成9年度損益計算書】

平成8年10月～平成9年9月　　　　　　　　（単位：円）

	勘定科目	金　額	
経常損益の部	営業損益の部	売上高		1,308,324,002

区分	勘定科目	内訳	金額
経常損益の部／営業損益の部	売上高		1,308,324,002
	売上原価		1,087,235,695
	仕入	314,912,587	
	材料仕入	341,823,275	
	労務費	227,473,883	
	経費	207,524,484	
	うち外注費	75,694,178	
	減価償却費	④　58,390,679	
	在庫増減	△4,498,534	
	売上総利益		221,088,307
	販売費及び一般管理費		237,724,571
	うち役員報酬	25,807,368	
	その他人件費	101,183,540	
	減価償却費	⑤　4,035,346	
	営業損益		⑥　△16,636,246
経常損益の部／営業外損益の部	営業外収益		16,393,510
	受取利息・配当金	⑦　1,935,793	
	雑収入	14,457,717	
	営業外費用		33,170,077
	支払利息	⑧　33,101,594	
	雑損失	68,483	
	経常損益		△33,412,831
特別損益の部	特別利益		0
	特別損失		0
	税引前当期損益		△33,412,831
	法人税等		693,812
	当期損益		△34,106,643
	前期繰越利益		△38,252,289
	当期未処分損益		△72,358,932

有利子負債（借入金）＝短期借入金＋長期借入金
　　　　　　　　　　　＝360,670千円①＋809,072千円②
　　　　　　　　　　　＝1,169,742千円

自己資本＝71,936千円③

$$\text{ギアリング比率} = \frac{\text{有利子負債}}{\text{自己資本}} \times 100$$

$$= \frac{1,169,742\text{千円}}{71,936\text{千円}} \times 100 = 1,626.1\%$$

これは、自己資本の16倍以上の借入をしていることです。あまりにも、借入金が多すぎることが、この数値をみてわかるでしょう。

♠自己資本額

自己資本額は、貸借対照表に記載されている資本の部の合計と同じです。

これは、ギアリング比率をみるときに、自己資本の額をみれば、有利子負債の額もわかるように表示しているものです。

♠債務償還年数（年）

債務（有利子負債）を、何年で返済できるかを示すものです。

債務を返済する財源は、キャッシュフローでいうとフリーキャッシュフローということになりますが、ここでは営業利益をベースに考えます。

債務（有利子負債）＝短期借入金＋長期借入金
　　　　　　　　　＝360,670千円①＋809,072千円②＝1,169,742千円
営業利益＝△16,636千円⑥
減価償却費＝58,390千円④＋4,035千円⑤＝62,425千円

$$債務償還年数 = \frac{債務}{(営業利益＋減価償却費)}$$

$$= \frac{1,169,742千円}{(△16,636千円＋62,425千円)}$$

$$= 25.5年$$

この計算によると、25年余りで債務の償還ができることになりますが、実際には、この計算は甘い計算となっています。

というのは、会社には法人税等が課税されるからです。法人税等の税率は、国税と地方税をあわせると、引き下げられたという現在でも40％以上となっています。会社の経費の中には、法人税等で損金とならないものがありますから、実際の税率はもっと高くなります。その税金を考慮せずに、債務の償還を考えるのは、非常に甘い見方ということになるのです。

このように甘い見方であっても、債務償還年数が25年というのは、どのように理解すればよいのでしょうか。

営業利益に減価償却費を加えたものは、営業によるキャッシュフローの簡単な計算方法です。キャッシュフロー計算書では、もっと精緻な計算をしますが、ごく簡単にみようとすれば、このような計算方法でも代用できます。

つまり、債務償還年数25年というのは、営業によるキャッシュフロー全額

を、債務の返済にあてたとして、25年もの償還年数がかかるということです。他に一切支出をしないで、資金を債務の償還だけに25年間充当しつづけるということなのです。

その甘い見方でも、25年という年数になると、とうてい返済できるような債務額ではないことがわかると思います。

♠インタレスト・カバレッジ・レシオ（倍）

支払利息（インタレスト）を、利益などでどの程度カバーできているかという指標が、このインタレスト・カバレッジ・レシオです。

支払利息をカバーする財源は、損益計算書をみればすぐにわかります。

支払利息は、経常損益の部の中で、営業外費用として出てきます。経常損益の部は、営業利益が計算された後にあります。また、営業外費用は、営業外収益（受取利息や配当金など）が表示された後に出てきます。そこで、営業利益や受取利息・配当金を、支払利息をカバーする財源とするのです。

```
営業利益＝△16,636千円⑥
受取利息・配当金＝1,935千円⑦
支払利息＝33,101千円⑧

インタレスト・カバレッジ・レシオ
    ＝ (営業利益＋受取利息・配当金)
         ─────────────────────
              支払利息

    ＝ (△16,636千円＋1,935千円)
         ─────────────────────  ＝△0.4倍
             33,101千円
```

オメガ工業では、利息を支払う財源もほとんどなかったことが、これをみればよくわかります。

♠償却前営業利益

償却前営業利益は、債務償還年数を計算するときに、分母にしたものですが、これは減価償却費を計上する前の営業利益を計算することによって、おおよそのキャッシュフローを計算するためのものです。

```
営業利益＝△16,636千円⑥
減価償却費＝58,390千円④＋4,035千円⑤＝62,425千円

償却前営業利益＝営業利益＋減価償却費
       ＝△16,636千円＋62,425千円＝45,790千円
```

5 オメガ工業の成長性分析

♠対前年売上高比率

対前年売上高比率は、前年と比べて今年の売上高がどの程度の比率になっているかを示すものです。

> 今期売上高＝1,308,324千円①
> 前期売上高＝1,332,932千円③
>
> 対前年売上高比率＝$\dfrac{今期売上高}{前期売上高}$×100
>
> 　　　　　　　＝$\dfrac{1,308,324千円}{1,332,932千円}$×100
> 　　　　　　　＝98.2%

この数値が100%を超えるときはプラスの成長、100%を切るときはマイナス成長ということになります。

オメガ工業では、この数値は、平成9年度以降すべ100%を切るマイナス成長を続けるものとなります。

デフレで不況のときは、売上高は増えなくてもよいという人もありますが、このような状況が続くと、社員の気持が後向きになってしまいます。不況だからこそ、是が非でも、売上高を増加させるという方策を検討するべきではないかと思います。

♠経常利益増加額

経常利益の場合は、売上高のように比率で表示することはできませんので、その増加額で成長性をみようというものです。

売上の増加だけでなく、利益の増加も、成長性にとって重要な要素だからです。

> 今期経常利益＝△33,412千円②
> 前期経常利益＝△26,127千円④
>
> 経常利益増加額＝今期経常利益－前期経常利益
> 　　　　　　　＝△33,412千円－△26,127千円＝△7,285千円

オメガ工業の経常利益は、減少していたことがわかります。もし、これを売上高のように比率で表示するとどうなるでしょうか。それを、対前年経常利益比率として計算してみましょう。

$$対前年経常利益比率 = \frac{今期経常利益}{前期経常利益} \times 100$$

$$= \frac{△33,412千円②}{△26,127千円④} \times 100 = 127.9\%$$

【図表53　オメガ工業の平成9年度損益計算書】
平成8年10月～平成9年9月　　　　　　　　　　（単位：円）

区分	勘定科目		金　額	
経常損益の部	営業損益の部	売上高		① 1,308,324,002
		売上原価		1,087,235,695
		仕入	314,912,587	
		材料仕入	341,823,275	
		労務費	227,473,883	
		経費	207,524,484	
		うち外注費	75,694,178	
		減価償却費	58,390,679	
		在庫増減	△4,498,534	
		売上総利益		221,088,307
		販売費及び一般管理費		237,724,571
		うち役員報酬	25,807,368	
		その他人件費	101,183,540	
		減価償却費	4,035,346	
		営業損益		△16,636,246
	営業外損益の部	営業外収益		16,393,510
		受取利息・配当金	1,935,793	
		雑収入	14,457,717	
		営業外費用		33,170,077
		支払利息	33,101594	
		雑損失	68,483	
		経常損益		② △33,412,831
特別損益の部		特別利益		0
		特別損失		0
		税引前当期損益		△33,412,831
		法人税等		693,812
		当期損益		△34,106,643
		前期繰越利益		△38,252,289
		当期未処分損益		△72,358,932

前期も今期も赤字というときは、このようにプラスで表示されます。しかも、このときは赤字が膨らんでいますので、あたかも利益が増加したかのようにみえます。これでは、利益が増加したのか、減少したのかがわかりません。

　この期は、赤字が増大したわけですから、利益面でもマイナス成長であったことがわからなければいけません。ところが、比率にしてしまうとそれがわかりませんので、利益の増減額として表示するようにしているのです。

　ただし、このような金額そのものの増減額は、経営分析値としてはあまり有効ではありません。利益の推移を判断するための、参考資料として理解すべきです。

【図表54　オメガ工業の平成8年度損益計算書】

平成7年10月〜平成8年9月　　　　　　　　　　　　　　　（単位：円）

		勘定科目	金　　　額	
経常損益の部	営業損益の部	売上高		③ 1,332,932,193
		売上原価		1,112,394,483
		仕入	296,631,600	
		材料仕入	344,462,204	
		労務費	216,534,348	
		経費	257,360,467	
		うち外注費	110,048,896	
		減価償却費	67,108,178	
		在庫増減	△2,594,136	
		売上総利益		220,537,710
		販売費及び一般管理費		230,525,020
		うち役員報酬	25,672,368	
		その他人件費	98,892,713	
		減価償却費	4,600,068	
		営業損益		△9,987,310
	営業外損益の部	営業外収益		22,126,504
		受取利息・配当金	2,782,176	
		雑収入	19,344,328	
		営業外費用		38,266,733
		支払利息	38,266,733	
		雑損失	68,483	
		経常損益		④ △26,127,539
特別損益の部		特別利益		0
		特別損失		0
		税引前当期損益		△26,127,539
		法人税等		919,301
		当期損益		△27,046,840
		前期繰越利益		△11,205,449
		当期未処分損益		△38,252,289

⑤オメガ工業の成長性分析

6 オメガ工業の損益分岐点分析

♠損益分岐点売上高

損益分岐点を計算するには、図表55の損益計算書の費用を変動費と固定費に区分することが必要です。

【図表55　オメガ工業の平成9年度損益計算書】
平成8年10月～平成9年9月　　　　　　　　（単位：円）

		勘定科目	金　額	
経常損益の部	営業損益の部	売上高		① 1,308,324,002
		売上原価		② 1,087,235,695
		仕入	314,912,587	
		材料仕入	341,823,275	
		労務費	227,473,883	
		経費	207,524,484	
		うち外注費	75,694,178	
		減価償却費	58,390,679	
		在庫増減	△4,498,534	
		売上総利益		221,088,307
		販売費及び一般管理費		⑥ 237,724,571
		うち役員報酬	25,807,368	
		その他人件費	101,183,540	
		減価償却費	4,035,346	
		営業損益		△16,636,246
	営業外損益の部	営業外収益		⑦ 16,393,510
		受取利息・配当金	1,935,793	
		雑収入	14,457,717	
		営業外費用		⑧ 33,170,077
		支払利息	33,101594	
		雑損失	68,483	
		経常損益		⑨ △33,412,831
特別損益の部		特別利益		0
		特別損失		0
		税引前当期損益		△33,412,831
		法人税等		693,812
		当期損益		△34,106,643
		前期繰越利益		△38,252,289
		当期未処分損益		△72,358,932

④オメガ工業の経営分析・計算の実際

費用を変動費と固定費に区分するには、いろいろな方法がありますが、ここでは、費目別に集計する方法を採用します。費用の中から、まず、固定費を集計することにします。

図表55の損益計算書に表示されている費用の中で、固定費と考えられるのは、図表56のとおりです。営業外収益は、費用ではありませんが、安定的に発生するものである収益として、固定費からマイナスするようにしました。

【図表56 固定費の集計】

売上原価	労務費	227,473千円 ③
	経費（外注費を除く）	131,830
	（＝207,524千円④－75,694千円⑤）	
販売費及び一般管理費		237,724 ⑥
営業外収益		－ 16,393 ⑦
営業外費用		33,170 ⑧
固定費合計		613,804

この固定費合計を事業年度の月数で割ると、平均固定費（月）を求めることができます。この平均固定費（月）は、資料として表示されています。

$$\text{平均固定費（月）} = \frac{\text{年間固定費}}{\text{事業年度の月数}}$$

$$= \frac{613,804千円}{12か月} = 51,150千円$$

オメガ工業の損益計算書を、まとめ直してみると、図表57のようになります。

【図表57 損益計算書のまとめ直し】

売上高	1,308,324千円	①
費用		
売上原価	1,087,235千円	②
販売費及び一般管理費	237,724	⑥
営業外収益	－ 16,393	⑦
営業外費用	33,170	⑧
費用合計	1,341,736	
経常損益	△ 33,412	⑨

費用のうち、固定費は図表56のとおり613,804千円ですから、変動費は次のように計算できます。

> 変動費＝費用合計－固定費
> 　　　＝1,341,736千円－613,804千円＝727,932千円

　以上から、損益分岐点売上高を求めるのですが、そのためには、まず限界利益率を計算することが必要です。
　限界利益率を求めるために、限界利益を計算します。

> 限界利益＝売上高－変動費
> 　　　　＝1,308,324千円－727,932千円
> 　　　　＝580,392千円

　この限界利益をもとに、限界利益率を計算します。

$$限界利益率 = \frac{限界利益}{売上高} \times 100$$

$$= \frac{580,392千円}{1,308,324千円} \times 100 = 44.4\%$$

　固定費と限界利益率から、次のようにして、損益分岐点売上高（年）を求めることができます。

$$損益分岐点売上高（年）= \frac{固定費}{限界利益率}$$

$$= \frac{613,804千円}{44.4\%}$$

$$= 1,382,441千円$$

　この年間の損益分岐点売上高から、1か月当りの損益分岐点売上高を求めると、次のようになります。

$$損益分岐点売上高（月）= \frac{損益分岐点売上高（年）}{事業年度の月数}$$

$$= \frac{1,382,441千円}{12月} = 115,203千円$$

上記のように計算すると、1か月の損益分岐点売上高は115,203千円となり、169頁の図表69で示した分析値の115,304千円と差額が発生しています。
　図表69で表示した分析値は、限界利益率を44.4%というようにパーセント表示の小数点1桁で調整するのではなく、端数調整をしないままの状態で計算したものですので誤差が生じたのです。
　以下の分析では、図表69に表示している115,304千円を使って、計算することにします。

♠経営安全率

　経営安全率は、何パーセント売上が落ちたときに損益分岐点売上高になるかをみるためのものです。オメガ工業のように、マイナス表示の場合は、何パーセント売上を伸ばせば、損益分岐点に達するかという見方をします。
　プラスとマイナスが逆のような感じですが、経営安全率というのは、マイナスイメージで考案された数値であるため、このようになるのです。

$$売上高（月）= \frac{年間売上高}{事業年度の月数}$$

$$= \frac{1,308,324千円①}{12月}$$

$$= 109,027千円$$

$$経営安全率 = \frac{1 - 損益分岐点売上高}{売上高} \times 100$$

$$= \frac{1 - 115,304千円}{109,027千円} \times 100$$

$$= △5.8\%$$

　オメガ工業の場合、売上高を現状より5.8%増やすことができれば、損益分岐点に達し、赤字決算だけは免れることがわかります。
　この経営安全率だけ売上高が増えたときを目標売上高として、その目標売上高が達成できたとき、ほんとうに損益がゼロとなるのかを検証しておきましょう。
　目標売上高を求めるには、経営安全率の割合だけマイナスした売上を計算することになります。現在の経営安全率はマイナスですので、実際には、経営安全率分だけプラスした売上を求めることになります。

⑥オメガ工業の損益分岐点分析

```
目標売上高（月）＝現在の売上高×（1－経営安全率）
              ＝109,027千円×｛1－（－0.058）｝
              ＝109,027千円×1.058＝115,350千円
```

ここでも、誤差が発生しますが、この金額に基づいて損益を計算してみます。

```
目標限界利益（月）＝目標売上高（月）×限界利益率
              ＝115,350千円×44.4％
              ＝51,215千円
```

年間固定費613,804千円は変わりませんので、月額固定費は51,150千円になります。目標限界利益から固定費をマイナスして利益を計算してみます。

```
目標利益（月）＝目標限界利益－固定費
          ＝51,215千円－51,150千円＝65千円
```

ここでも、計算上の誤差が発生しますが、これで損益はほぼゼロになるということがわかるでしょう。

このように経営安全率のマイナスをカバーできれば、損益はトントンになりますので、この率を売上高改善の目標とすることもできるのです。

◆固定費増加率

固定費増加率は、前期の損益計算書に表示されている固定費を計算し、今期との対比をしたものです。

$$固定費増加率 = \frac{今期固定費}{前期固定費} \times 100$$

$$= \frac{613,804千円}{610,511千円} \times 100$$

$$= 100.5\%$$

（注）前期固定費は、129頁の図表54の損益計算書より図表56と同じ方式で計算。

この比率は、増加率という名称になっていますが、固定費がどれだけ増加しているかと考えているようではいけません。今はデフレ傾向です。ましてや、オメガ工業は、赤字経営を続けているのですから、この数値は100％以下でなければいけませんが、逆に固定費が増加しているのですから、これは大きな問題ということになります。

7 キャッシュフロー計算書のつくり方・読み方

♠キャッシュフロー計算書のつくり方を知れば分析は自ずからできる

今まで、経営分析はどうするのかということをみてきました。

貸借対照表や損益計算書は、それだけではなかなか読みこなすことが難しいものですので、いろいろな経営分析の方法が考案されてきました。これまで、その多くを紹介してきました。

ところが、キャッシュフロー計算書は、前述したとおり、それ自体が分析資料と同じと考えてよいほど、分析結果がそのまま表示されています。

ということは、キャッシュフロー計算書を読みこなしさえすれば理解できることであり、それがどのようにつくられているのかを知れば読みこなすことができるということです。

そこで、オメガ工業の貸借対照表、損益計算書をもとに、ごく簡単なキャッシュフロー計算書のつくり方を説明します。

キャッシュフロー計算書をつくるための必要資料は、図表58に示すように前期と今期の貸借対照表、今期の損益計算書とキャッシュフロー計算書です。もっとも、損益計算書の項目で必要となのは、減価償却費と法人税等だけです。

♠貸借対照表の増減表をつくる

それでは、実際にキャッシュフロー計算書をつくってみます。その説明は、140〜141頁の図表58を使ってすることにします。

キャッシュフロー計算書をつくるには、まず、貸借対照表の項目の増減表をつくる必要があります。

ところで、資産の増加と負債・資本の減少は借方、資産の増加と負債・資本の増加は貸方に記載するのが会計の原則でした。貸借対照表の増減表を作成するにも、この原則を利用するのが便利です。増減をプラスやマイナスで表示するのではなく、借方・貸方を利用するのです。

会計の原則から資産・負債・資本の増減と、増減表での借方、貸方への記載方法は、次のとおりです。

	(借方)	(貸方)
資産	増加	減少
負債	減少	増加
資本	減少	増加

資産が増加したときは借方に記載し、減少したときは貸方に記載するという意味です。負債、資本は、減少時は借方、増加時は貸方となり、資産とは逆となります。

この増減欄をみてちょっとややこしいのは、貸倒引当金です。貸倒引当金は資産の部に記載されていますが、マイナスで表示されていますので、考え方としては負債項目であると考えてください。

このように貸借対照表の増減表をつくると、それぞれの科目の増加や減少は、その借方と貸方に記載されます。増減表の借方と貸方の合計をすると、貸借は一致しています。これで、計算に間違いがないかどうかがチェックできます。

♠減価償却費を調整する

次に、減価償却費の調整を行います。減価償却費というのは、非資金費用の代表例です。

非資金費用という、ややこしい名前が出てきました。これは、損益計算書で費用として処理しましたが、資金が社外に出ていかないものという意味です。

減価償却費以外の非資金費用としては、引当金の繰入れなどがありますが、これは、貸借対照表の増減で処理しますので、ここでは減価償却費だけが対象となります。

さて、減価償却費の処理ですが、損益計算書では費用として処理され、当期利益の減少として貸借対照表に影響しています。しかし、資金的には、まったく支出がありません。つまり、キャッシュフロー計算書には、減価償却費は反映させては、いけないことになります。

そこで、この減価償却費の処理を取り消すという処理が必要になります。

オメガ工業の場合、減価償却費は相手科目が有形固定資産のみであるとして、次のような仕訳をします。（丸囲み数字は図表58の関係項目）

（借方）有形固定資産　62,426千円① ／ （貸方）減価償却費（原価）58,391千円②
　　　　　　　　　　　　　　　　　　　　　減価償却費（販管）4,035千円③

♠法人税等を調整する

損益計算書の税引前当期損益の次に、法人税等というものが表示されています。これは、当期の法人税等を未払法人税等として計上したものです。

本来は、この費用は未払金の計上であり、非資金費用と同じように調整する必要があります。つまり、法人税等の計上を取り消すような仕訳をするのです。

（借方）未払法人税等　693千円④ ／ （貸方）法人税等　693千円⑤

オメガ工業の場合は、貸借対照表には未払法人税等という科目が記載されて

いません。しかし、その他の流動負債の中に未払法人税等が含まれているという前提で、仕訳をすることにします。

♠キャッシュフロー計算書に転記する

あとは、貸借対照表の増減額と非資金費用などを、キャッシュフロー計算書として表示できるように、それぞれの区分に分類すればできあがりです。

キャッシュフロー計算書に転記するのは、今説明した貸借対照表の増減、減価償却費の調整、法人税等の調整だけです。

ここで、キャッシュフロー計算書に転記するときの基本を説明します。

今説明した、①貸借対照表の増減、②減価償却費の調整、③法人税の調整欄の、借方と貸方の意味と資金の関係を理解する必要があります。

このときも、仕訳で考えるのが理解しやすいと思います。

キャッシュフローを考えるとき、資産、負債、資本あるいは損益のどの科目でも、相手科目には現金預金が記載されたものとするのです。

つまり、ある科目が借方に記載されると貸方が現金預金、ある科目が貸方に記載されると借方が現金預金というように考えます。

これを、売上債権を例として、仕訳で示してみると、次のようになります。

　　（借方）売上債権　／（貸方）現金預金

この仕訳は、売上債権が増加したときですが、資産である現金預金が貸方にありますので、資金が減少したことを意味します。

　　（借方）現金預金／（貸方）売上債権

これは、売上債権が減少したときですが、現金預金が借方で資産が増加したことを意味しています。

この例は、資産である売上債権でしたが、負債でも、資本でも、または収益や費用でも同じことです。

仕訳で考えてみると、現金預金が借方にくれば、資金の増加ということになります。逆に現金預金が貸方のときは、資金の減少ということになるのです。

これを図表58にあてはめると、その科目の増減額や調整額が借方にあるときは、相手科目の現金預金が貸方ですから、資金の減少となります。逆に増減額が貸方にあるときは、資金の増加となるのです。

このように、貸借対照表の増減、減価償却費の調整、法人税等の調整で借方にあれば資金の減少、貸方にあれば資金の増加と考えるのです。

この考え方に基づいて、あとはキャッシュフロー計算書に転記するだけです。

ここで注意すべきことは、現金預金の増減だけは、キャッシュフロー計算書に転記をしないということです。というのは、この現金預金の増減の明細を明

らかにするのがキャッシュフロー計算書ですので、これをキャッシュフロー計算書に転記すると、現金預金の増減と明細が相殺されてしまうのです。

♠投資活動によるキャッシュフロー欄に記載する

キャッシュフロー計算書では、営業活動によるキャッシュフローを最初に記載しますが、簡単なほうから説明することにします。

投資活動というのは、固定資産や繰延資産の増減のことです。これらの項目について、貸借対照表の増減、減価償却費の調整、法人税等の調整欄の借方と貸方を合計していきます。

ただし、その合計をするときは、今までの借方・貸方という表現はとらずに、資金の増減で表示します。資金が増えたときはプラス、資金が減ったときはマイナス（△）としてキャッシュフロー計算書に表示するのです。

この合計の出し方を、有形固定資産の増減を例に、確認してみましょう。

有形固定資産の欄は、増減表では貸方に45,002千円となっています。これは、資金のプラスを意味します。

減価償却費の調整では、借方62,426千円となっています。これは、資金のマイナスを意味することになります。

キャッシュフロー計算書へは、これらの合計額を転記することになります。そのときは、単純に貸方はプラス、借方はマイナスとして計算すればよいことになります。

> 資金増減＝45,002千円(貸方＝資金増)－62,426千円(借方＝資金減)
> 　　　　＝△17,423千円（資金減）

このようにして、有形固定資産に関連して17,423千円の資金が減少したことがわかります。つまり、有形固定資産そのものは、この金額だけ増加しており、逆に資金としては、この金額だけ出て行ったことになるのです。

この資金の減少額を、キャッシュフロー計算書の投資活動の欄に転記します。その他の科目でも、合計の出し方と転記の方法は、すべて同じです。

図表58をみると、投資活動としては、有形固定資産、投資等、そして繰延資産として、それぞれ資金の減少があったということになります。オメガ工業では、この年度に合計46,660千円の投資活動をしたということなのです。

♠財務活動によるキャッシュフロー欄に記載する

財務活動は、借入金、割引手形や資本金などの増減を取り扱います。

オメガ工業の場合、短期と長期の借入金だけです。

合計の出し方、転記の仕方は、投資活動とまったく変わりません。

ここでも、借方にあるときは資金の減少、貸方にあるときは資金の増加として処理するのは、投資活動と同じです。
　オメガ工業の場合、短期借入金の返済として81,538千円の支出をしていますが、長期借入金が増加し、資金が111,149千円入ってきたことがわかります。財務活動全体としては、29,611千円の資金増となっているのです。

♠営業活動によるキャッシュフロー欄に記載する
　前述した投資活動、財務活動に転記した科目以外は、すべて営業活動として処理します。
　集計する項目や、借方・貸方の意味は、投資活動や財務活動とまったく同じです。
　営業活動では、合計額が△2,330千円となっています。営業活動全体では、2,330千円の資金が出て行ったことがわかるのです。

♠資金増減額の集計
　以上のように、投資活動、財務活動、営業活動のそれぞれの資金の増減を合計すると、当期の資金増減額が計算されます。
　オメガ工業では、この9年度に、全体としては19,379千円の資金が出て行ったことになります。これは、ちょうど現金預金の減少額（増減表の貸方）と同じ金額です。

♠キャッシュフロー計算書作成の基本
　以上のようにして、キャッシュフロー計算書は作成されます。
　ある科目が借方に記載されれば資金は減少、逆にある科目が貸方にあれば資金は増加という、会計の原則に基づいて集計をするだけなのです。つまり、キャッシュフロー計算書は、会計の基本の延長線上にあることがおわかりいただいたでしょうか。
　会計の基本をつらぬくと、必然的に資金の動きがみえてくるようになります。貸借対照表や損益計算書でも、会計の基本に基づいて作成されていますので、資金の動きがわかりそうなものです。しかし、これらだけでは、資金の動きがみえてこないのです。
　貸借対照表や損益計算書でみえてこない、資金の動きを明確にするものが、キャッシュフロー計算書なのです。

♠オメガ工業のキャッシュフロー計算書を読む
　このようにして作成したオメガ工業のキャッシュフロー計算書は、どのような状況を読み取ることができるでしょうか。

【図表58 キャッシュフロー計算書作成の仕組み】

勘定科目	平7/10～8/9	平8/10～9/9	貸借対照表の増減	
			資産増・負債減	資産減・負債増
貸借対照表				
資産の部				
流動資産				
現金預金	420,626,374	401,246,776		19,379,598
売上債権	327,573,957	375,008,937	47,434,980	
貸倒引当金	△3,084,000	△3,502,000		418,000
有価証券	84,844,280	84,844,280		
当座資産合計	829,960,611	857,597,993		
棚卸資産	188,926,300	193,424,834	4,498,534	
その他の流動資産	5,983,880	23,552,362	17,568,482	
流動資産合計	1,024,870,791	1,074,575,189		
固定資産				
有形固定資産	503,883,253	458,881,120		45,002,133
無形固定資産	385,652	385,652		
投資等	12,036,376	41,053,062	29,016,686	
固定資産合計	516,305,281	500,319,834		
繰延資産	0	220,000	220,000	
資産合計	1,541,176,072	1,575,115,023		
負債の部				
流動負債				
買入債務	230,355,371	258,907,590		28,552,219
短期借入金	442,208,000	360,670,000	81,538,000	
引当金	13,803,749	13,740,904	62,845	
未払法人税等				
その他の流動負債	34,522,807	43,166,017		8,643,210
流動負債合計	720,889,927	676,484,511		
固定負債				
長期借入金	697,922,319	809,072,274		111,149,955
退職給与引当金	16,320,689	17,621,744		1,301,055
固定負債合計	714,243,008	826,694,018		
負債合計	1,435,132,935	1,503,178,529		
資本の部				
資本金	32,403,000	32,403,000		
準備金	14,292,426	14,292,426		
剰余金	59,347,711	25,241,068	34,106,643	
資本合計	106,043,137	71,936,494		
負債・資本合計	1,541,176,072	1,575,115,023		
損益計算書		平8/10～平9/9		
売上高		1,308,324,002		
売上原価		1,087,235,695		
うち減価償却費		58,390,679		
売上総利益		221,088,307		
販売費及び一般管理費		237,724,571		
うち減価償却費		4,035,346		
営業損益		△16,636,246		
営業外収益		16,393,510		
営業外費用		33,170,077		
税引前当期損益		△33,412,831		
法人税等		693,812		
当期損益		△34,106,643		
前期繰越利益		△38,252,289		
当期未処分損益		△72,358,932		
合　　計			214,446,170	214,446,170
当期キャッシュフロー合計		(注)プラスは資金増、マイナス(△)は資金減を意味します。		

(単位：円)

減価償却費の調整		法人税等の調整		キャッシュフロー計算書（注）		
				営業活動	投資活動	財務活動
				△47,434,980		
				418,000		
				△4,498,534		
				△17,568,482		
① 62,426,025					△17,423,892	
					△29,016,686	
					△220,000	
				28,552,219		
						△81,538,000
		④ 693,812		△62,845		
				△693,812		
				8,643,210		
						111,149,955
				1,301,055		
				△34,106,643		
② 58,390,679				58,390,679		
③ 4,035,346				4,035,346		
		⑤	693,812	693,812		
62,426,025	62,426,025	693,812	693,812	△2,330,975	△46,660,578	29,611,955
					△19,379,598	

⑦キャッシュフロー計算書のつくり方・読み方

【図表59　オメガ工業の資金の流れ】

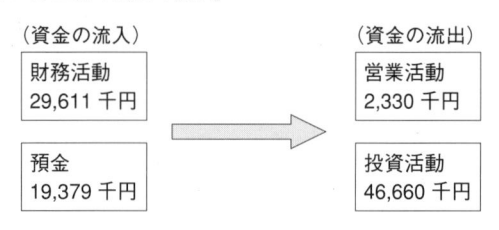

（資金の流入）
| 財務活動 |
| 29,611 千円 |

| 預金 |
| 19,379 千円 |

→

（資金の流出）
| 営業活動 |
| 2,330 千円 |

| 投資活動 |
| 46,660 千円 |

　オメガ工業の資金の流れを、図示にしたものが図表59です。
　図表59をみると、財務活動によって29,611千円の資金が入っています。財務活動というのは、借入金などの資金の借入や返済などの活動です。資金が入ってくることも、出ていくこともあります。しかし、大きな設備投資がないときは、通常は、借入金の返済などのために流出になります。図表59では、財務活動として資金が入ったことになっています。
　図表59では、もう一つの流入として、預金19,379千円と記載されています。一般には、現預金の増減というのは、キャッシュフローの結果として表示されますが、ここでは、資金がどこから出て、どこへ行ったのかがわかりやすいように、預金の減少額も、資金の流入額として表示してみました。
　以上のように、財務活動による長期借入金の増加と、手持ちの現預金を財源として、資金が入ってきたことが理解できます。
　資金の流出に目を移すと、営業活動と投資活動に資金を使ったことがわかります。
　まず、46,660千円の投資活動については、この投資自体が成果の上がるものであったかどうかは別として、投資を行うのは積極的な行動として評価できると思います。流入側と対比してみると、その60％余りを財務活動によって得た資金で賄いながら、設備投資にしたことがわかります。
　問題は、営業活動で資金が出て行っていることです。
　キャッシュフローの望ましい姿というのは、56頁の図表20のように、営業活動によって得た資金を、投資活動と財務活動に使うというものです。
　しかし、オメガ工業の場合は、営業活動で資金を得るどころか、逆に資金が出ていってしまっているのです。出て行った金額自体は、2,330千円とあまり大きなものではありませんが、本来入ってくるべきものが入ってこずに、逆に出て行くということが、大きな問題なのです。
　営業活動というのは、投資活動によって事業に投じた資金を、営業を通して回収するものです。営業活動は、常に回収できなければ、事業そのものの存在意味がないことになります。悪い言葉でいえば、ここで、資金の垂れ流し状態が起こっているということになります。これでは、財務活動などで、いくら資金をつぎ込んでも、資金は減る一方になってしまい、非常にまずい状態になります。

⑤ オメガ工業の経営状態を読み解く

　いよいよオメガ工業の倒産に至るまでの経営分析の結果をみましょう。
　経営分析は、現実の会社の姿を、二度鏡に映し出した姿です。この鏡に映った姿によって、会社のほんとうの姿を読み解くには推測が不可欠です。経営分析をした後の推測というのは、科学の世界の仮説と同じです。
　この推測が正しかったかどうかは、改善策を実際の会社にあてはめてみて検証する以外に手はないのです。
　ここでは、検証まですることはできませんが、仮説である推測までを行い、どのような問題点があり、解決策はどのようなことが考えられるかを検討します。

1　オメガ工業の収益性－常に赤字

♠総資本利益率はマイナス続き
　総資本と利益とのバランスは、総資本と経常利益か営業利益とで比較します。
　分析の目的は、総資本の回転期間や回転率は良好かどうか、売上高に対する経常利益、営業利益の比率が良好かどうかをチェックすることです。
　ここでは、TKCの方式を採用していますので、総資本回転率ではなく、総資本回転期間でみます。
　なお、自己資本利益率は、投資家からみるときは有効ですが、事業全体の収益性をみるときは、有効ではありませんので、ここでは割愛します。

♠長すぎる総資本回転期間
　図表60の総資本経常利益率をみると、常にマイナスの数字が並んでいます。この場合、まずこの数字をプラスにすることが必要です。
　総資本利益率は、総資本回転率と売上高利益率を掛け合わせたものですから、総資本利益率を分解して、総資本回転率からみることになります。ただし、前述したように、TKCでは、回転率ではなく、回転期間を採用していますので、総資本回転期間でみることにします。
　オメガ工業の総資本回転期間は、平成9年9月期で439.4日となっています。総資本が回転するのに、1年以上かかるということです。
　これは、回転期間として長すぎます。会社に投入されたお金を回収するのに、1年以上もかかるようではお金は回りません。どこかにお金が滞留しているのです。
　それを発見するために、それぞれの資産ごとの回転期間をみていきます。
　現金預金、売上債権、棚卸資産、そして固定資産と、どれをとっても回転期間は、長くなっています（図表60参照）。

♠銀行の政策で現金預金の回転期間が長くなる
　現金預金まで回転期間が長いのは、どういうわけでしょうか。
　銀行からお金を借りると、銀行は定期預金をするように要求します。これは、貸出しの実質金利をあげるための方策です。
　例えば、年利2％で1億円の融資を受けたとすると、借り入れた会社では、1億円に対し、200万円の金利を支払います。これなら、年利2％のままです。
　しかし、銀行はそれでは儲かりませんから、定期預金をするように要求してき

【図表60　オメガ工業の収益性分析値】

	TKC	H9/9	H10/9	H11/9	H12/9	H13/9	H14/3
総資本営業利益率	3.6	△1.1	△7.9	△5.9	△5.9	△7.3	△20.6
総資本経常利益率	3.3	△2.1	△10.6	△6.4	△5.8	△8.9	△18.0
自己資本利益率（税引前）	8.7	△46.4	37.2	△159.1	△289.1	△80.4	△57.0
総資本回転率（回）	1.6	0.8	0.7	0.7	0.7	0.6	0.5
総資本回転期間（日）	226.8	439.4	516.6	556.8	536.8	657.2	670.4
流動資産回転期間（日）	100.7	299.8	331.6	335.9	301.0	353.7	333.3
現金・預金回転期間（日）	47.6	111.9	136.5	156.3	98.3	76.2	70.0
売上債権回転期間（日）	38.7	103.6	94.2	92.4	97.4	101.7	111.6
棚卸資産回転期間（日）	13.6	54.0	65.3	67.7	79.8	141.1	104.2
その他流動資産回転期間（日）	0.8	30.2	35.5	19.5	25.4	34.7	47.5
固定・繰延資産回転期間（日）	126.1	139.6	185.1	220.9	235.8	303.5	337.1
有形固定資産回転期間（日）	103.0	128.0	167.9	197.4	209.8	265.8	302.5
流動負債回転期間（日）	40.3	188.7	161.5	146.4	120.9	148.3	220.3
買入債務回転期間（日）	9.0	72.2	52.7	43.6	47.1	47.7	43.6
買入債務（支払基準）回転期間（日）	18.7	129.0	93.4	76.1	74.7	69.2	62.9
固定負債回転期間（日）	99.4	230.6	315.1	391.9	426.7	581.9	662.1
自己資本回転期間（日）	87.1	20.1	40.1	18.5	△10.8	△73.1	△212.0
売上高営業利益率（％）	2.2	△1.3	△11.1	△9.0	△8.7	△13.1	△75.7
売上高経常利益率（％）	2.0	△2.6	△15.0	△9.7	△8.6	△16.1	△66.2
売上総利益率（％）	21.2	16.9	13.1	15.3	19.6	21.2	△35.3
売上高材料費率（％）	30.1	27.0	24.8	23.1	19.5	13.2	18.8
売上高労務費率（％）	26.3	17.4	18.9	16.6	14.0	14.4	17.3
売上高外注加工費率（％）	13.2	5.8	6.1	4.4	3.8	2.6	1.7
売上高経費率（％）	9.1	10.1	10.6	8.0	4.7	5.2	9.2
売上高販売費・一般管理費率（％）	19.0	18.2	24.3	24.3	28.3	34.3	40.4
売上高販管人件費率（％）	9.9	9.7	11.1	12.5	13.7	15.3	16.5
売上高営業外収益率（％）	0.6	1.3	0.7	3.7	3.6	2.0	16.5
売上高営業外費用率（％）	0.8	2.5	4.6	4.4	3.5	5.0	7.0
売上高支払利息割引料率（％）	0.8	2.5	2.7	3.3	3.5	5.0	6.7

ます。

　そこで、定期預金として3,000万円預け入れたときの金利はどうなるのでしょうか。借入金は1億円で変わりませんから、利息は200万円のままです。定期預金に3,000万円預け入れることは、実際に使えるお金は7,000万円で利息が200万円になります。こうなると、借入利率は、2.8％に上昇します。

①オメガ工業の収益性－常に赤字

ある銀行員の話では、「この実質金利を10％程度にまで引き上げよ」と、上司から命令されているとのことです。
　オメガ工業の場合、こうした銀行の融資政策から、現金預金が多くなっていたのです。

♠売上債権・棚卸資産・固定資産の回転期間が長い理由
　売上債権の回転期間が長いのは、回収が思うようにできていないことを表しています。実際に平成10年9月期には、大口の得意先が倒産し、その債権が回収できなくなったばかりでなく、その後の売上高も大きく落ち込む原因ともなりました。
　棚卸資産の回転期間が長いのは、在庫がうまく回転せず、在庫が滞留していることを意味しています。倒産後に在庫を再チェックしたところ、8割以上が不良品として処分するしかないという状態でした。このような状態は、相当以前から続いていたと考えられます。
　固定資産の回転期間が長いのは、過大投資によるものです。もともとは、過大投資ということではなかったかもしれません。しかし、売上が大きく落ち込み、固定資産がそのまま残ってしまっていることは、結果として、過去の投資が過大投資であったことになります。

♠固定負債が異常に長くなる
　資産側の回転期間の長期化に対し、負債のほうはどうなっているかをみてみましょう。
　分析結果は、図表60のとおり、いずれも長くなっています。特に買入債務が長いのが際立っています。これは、仕入先に無理をいって、支払条件を長く変更できたためです。これができたのは、オメガ工業が長年営業を継続し、相当な資産があるということで、仕入先が協力してくれていたからです。
　ところが、買入債務回転期間がだんだん短くなっています。仕入先としても、業績が悪くなってきたオメガ工業に、とことんつき合うわけにはいきません。通常の決裁条件での支払いを求めるようになってきたためです。
　買入債務の回転期間が短くなってきたのをカバーするために、銀行借入を増加させました。その結果、固定負債の回転期間は、異常なくらい長くなってきました。

♠回転期間長期化には売上増しか対応策はない
　このような回転期間の長期化に対しては、売上増によって対応するしかありません。
　しかし実際には、オメガ工業では、売上増を実行できませんでした。その失

【図表61　売上と費用のバランス】

	TKC経営指標	オメガ工業（9年9月期）
売上総利益率	21.2%	16.9%
売上高材料比率	30.1	27.0
売上高労務比率	26.3	17.4
売上高外注加工賃率	13.2	5.8
売上高経費率	9.1	10.1
合計	99.9	77.2

敗の原因は、従来の顧客に従来の製品の購入をお願いして回ることしかやらなかったからでした。

いったん他のメーカーに流れたり、海外へ生産拠点を移してしまったりした会社に対し、いくらよい製品であっても、従来どおりの製品売込みだけでは非常に厳しい面があります。

新しい製品や商品、そして新しい顧客の開拓が必要だったのですが、それをしないで、従来の顧客に、従来の製品を売りつけようとしたところに、オメガ工業の限界があったのかもしれません。

♠売上高と利益とのバランスをみると

売上高と利益とのバランスはどうでしょうか。営業利益も、経常利益をマイナスの損失となっていますので、当然、このバランスは悪いことになります。

そこで、売上と費用とのバランスをみると、図表61のとおりです。

TKCの平均では、売上総利益率や、売上高材料費率から売上高経費率までを合計すると、ほぼ100％になります。ところが、オメガ工業のそれを合計すると、77％程度しかありません。

これは、自社で製造したものだけでなく、他社から仕入れた商品を販売しているために、このような結果となっていることの表れです。

経営分析は、他社の数値と比較しても、あまり役立たない、自社の分析値の推移をみるほうが重要だということは、ここに出ています。

TKCの指標となっている会社は、すべて自社で製造した製品を販売しています。前述のとおり、オメガ工業では、自社製品以外に、仕入商品の販売をしているため、他社との売上総利益率の比較では、分析ができないのです。

♠製造部門と商社部門の損益をみると

オメガ工業では、平成9年9月期で、すでに製造部門と商社部門の二つの部門があるので、それぞれの部門ごとに損益をみると、図表62のとおりです。

平成9年9月期で、製造部門はすでに赤字になっていたのです。それをカバ

【図表62　オメガ工業の平成9年9月期の製造部門と商社部門の損益比較】　　(単位：千円)

	会社決算	製造部門	商社部門
売上高	1,308,324	865,820	442,504
売上原価	1,087,236	776,502	310,734
売上総利益	221,088	89,318	131,770
販売費及び一般管理費	237,725	158,483	79,242
営業損失	△16,637	△69,165	52,528
営業外収益	16,394	10,929	5,465
営業外費用	33,170	22,113	11,057
経常損失	△33,413	△80,349	46,936

ーするために、他社からの仕入商品を販売していたわけです。

　製造部門の赤字は、販売価格より、製造や販売などに要するコストがかかりすぎていることによるものです。

　これは、固定資産が過大投資に陥っていたことと関連します。平成9年9月期の製造部門の減価償却費は、4,800万円余りあります。また、金利負担も営業外費用として計上されています。

　大きすぎる設備と、それを維持するための借入金の金利が、製造部門の赤字に大きく影響を与えています。

♠打つ手のすべてに効果があがらない

　オメガ工業は、月間2万個の製品をつくる能力がありましたが、月間3,000個程度しか生産していませんでした。従業員の数も、徐々に人員整理をしていったので人数は減っていきましたが、それでもまだ実際の生産量からすると、過大な人数となっていたのです。

　人だけでなく、製造設備も過大な規模となっていました。その固定資産の償却費の負担ができなくなっていたといってよいと思います。

　このような状況では、製造設備と人員の大半を整理するか、製造をストップさせ、仕入商品の販売だけに特化する施策が考えられなければなりません。

　しかし、社長は、メーカーとしての意識が強いために、そうはしないでコンサルタントを入れ、製造工程のロスを少なくして利益を出せるようにしようとしたのです。しかし、その結果は、まったく効果なしに終わりました。

　一方の商社部門では、利益を出しているとはいっても、固定資産や従業員の規模、さらには金利負担を支えきれるほどの売上増ができませんでした。

　しかし、商社部門では、利益が出るわけですから、もっと商社部門の拡充をして、製造を断念するくらいの覚悟が必要だったのですが、オメガ工業には、それができなかったのです。

♠ どのように改善すればよかったのかについてみると

　オメガ工業のように、資本の回転期間が長くなりすぎ、利益がでないときは、どうすべきなのでしょうか。

　数値的に考えると、資本を少なくして回転期間を短くし、現状の売上でも利益が出るように原価や経費を見直すことが必要です。それには、総資本経常利益率を使います。

$$総資本経常利益率 = 売上高経常利益率 \times 総資本回転率$$
$$= \left(\frac{売上高経常利益率}{総資本回転期間}\right) \times 365$$

　平成9年9月期の実際の数値をあてはめてみると、次のようになります。
　総資本経常利益率＝（△2.7％÷439.4）×365＝△2.2％
　この総資本経常利益率を改善しようとすると、次の改善が必要なのです。
(1)　売上高経常利益率をプラスにする。
(2)　総資本回転期間を短くする。

♠ 売上高経常利益率の改善策

　まず、売上高経常利益率の改善を考えてみましょう。①固定資産や人が多すぎ、過大な資産を維持するために借入金も過大になっている、②しかも、利益の出ない製造を続けていくというようなとき、現在の売上で利益が出るようにするとすれば、次のようなことが考えられます。
(1)　遊休固定資産を売却して借入金返済にあてる。
(2)　人員整理をする。
(3)　借入金の利率引下げや返済条件の変更を銀行と交渉する。
(4)　その他の経費をできる限り節減する。

　しかし、これだけではほんとうの改善になりません。というのは、製造部門は赤字でしたが、販売部門もまだ十分な利益が出るほどの実績をあげていなかったのです。

　利益を出したいのなら、赤字部門の製造は断念し、そのために不要となる資産は処分するほうがよいのです。経費節減だけでは、赤字を減らすことができたとしても、利益を出すことはできないからです。利益を出したいのなら、まず売上増を目指すべきです。そうしないと、利益を継続して出すことができません。

　社員のココロを節減だけに向けさせ、利益を出そうという施策をとる会社もありますが、それで経営好転に成功したところはないと思います。社員のココロを前向きにし、売上で利益を獲得するという気持にさせないと、売上はジリ

貧となっていくのが一般的だからです。

　今の売上で何とか経費節減をしようとしていると、肝心の売上高が減少してしまうのです。それでは、また赤字が出ることになり、さらに経費節減が必要になります。ですから、売上優先ということを絶対に忘れてはいけません。

▲総資本回転期間を短くする改善策

　次に、総資本回転期間を短くする改善策について考えてみましょう。前述のとおり、オメガ工業では、固定資産が有効に働いていません。また、売上債権や棚卸資産に不良なものが含まれていました。さらに、過大な資産を維持するために借入金も過大になっていました。

　減価償却費や金利の負担を減少させるもっとも簡単な改善方法は、不要な固定資産を売却し、借入金の返済に充当することです。

　では、不良な売上債権や棚卸資産の処分はどうでしょうか。これらは、処分してもお金が入ってはきません。逆に、処分費用としてお金が出て行くだけになることもあります。しかし、これらも早い目の処分をし、帳簿からも削除するほうがよいのです。

　不良な債権や資産を処分すれば、一時的に赤字が膨れあがることになりますが、実際の姿をはっきりさせて改善点を明確にすることが大切です。

　不良債権を抱えたまま利益を出すのは、いわば、粉飾された利益額です。したがって、不良債権がある場合は、売上から不良債権部分を除いて実際の数字を押さえながら、売上をどの程度回復させなければならないかを考えるべきなのです。

　不良債権がそのままの場合は、不良債権を含めた水増しの売上をみながら、どの程度売上を回復させるべきかを考えることになりますから、回復が必要な売上高を過小評価してしまう危険性があります。

　不良債権による水膨れ部分の売上は、ないものとして不足する売上高を計算しておかなければならないことに留意してください。

▲不良分は早期に処分して改善すべきだった

　不良在庫についても同じようなことがいえます。在庫は、原価や利益を計算するのに、重要な要素です。在庫を過大なままにして原価を計算すると、利益率はよくみえます。よくみえる数値をみながら改善しようとすると、よくみせていた部分は、改善の対象からはずされてしまうのです。

　不良債権や不良在庫をそのままにしておくと、それらは改善すべき点から除外されてしまうことになり、会社にとっては、かえってマイナスとなるのです。

　以上のようなわけで、売却できるものは売却し、不良のもので売却できないものも早期に処分してしまうことが必要なのです。

そのために赤字が大きく膨らむと、いずれ銀行からの融資はストップされます。ですから、早い目の処分をして、改善計画を立て、着実にそれを実行することが必要です。そうして、銀行への返済を着実に実行していくと、銀行もできる限りの協力はしてくれるはずです。

♠売上改善の努力よりもコスト削減に重点をおく対応だった
　顧問を始めた頃には、オメガ工業は、すでに３期間赤字を続けていました。社長をはじめ幹部は、売上減少や赤字に慣れっこになっていました。
　「もうこれ以上赤字を続けられない」と社長がいい出したのは、銀行の融資が厳しくなりかけた平成11年頃からです。それまでは、「この不景気の時代では売上が減少するのも当然」といわんばかりでした。社長の考えは、自然に社員に受け継がれ、会社全体で、売上減少を是認しているような状況でした。
　「売上が減少しても利益がでるようならいいのだから、売上よりも、利益重視で考えればいい」という人もありますが、利益のもとは売上です。売上がなくしては、決して利益は出てきません。「売上が減少しているなら、それをどう挽回するか。しかも急激に」ということが達成されねばならないのです。
　平成11年頃までは、パートタイマーを解雇したり、従業員数を減少させて、人件費の削減に努めていましたが、売上を増やそうという施策はほとんどといってよいほどとられませんでした。

♠社長の陣頭指揮による営業回復は失敗に終わる
　売上を挽回させなければならないというのは、倒産する１年くらい前になってようやく出てきた話です。
　社長が陣頭指揮をしても、長年、営業をしたことがない社長では、新規の顧客に食い込んでいくことができません。社長にできたのは、従来からの顧客を回って取引額を増やしてもらうようお願いすることだけでした。
　しかし、顧客サイドは、重要な生産拠点は中国に移管しているところが多く、社長の依頼に応じられないという状況でした。しかも、国内に留まっている顧客は、できるだけ安い材料を調達しようとしていましたので、いくら社長が営業に出かけても、10円安ければ、安いほうを購入するのです。結局、社長の陣頭指揮による営業回復は、基本的には失敗に終わってしまいました。
　自社製品が、次第に国内顧客で使われなくなっているときですから、オメガ工業としては、新たな製品を新たな顧客に販売するという施策をとる必要がありました。しかし、新規の取引を開始するとき、これまでのつき合いやコネ頼りで取引を増やすことではできません。
　いくら社長が、陣頭指揮で営業を立て直すといっても、結局、営業マンにも新規製品の開発、新規顧客の開拓をさせられなかったのです。

② オメガ工業の生産性 – 設備が活かされていない

♠生産性はヒトとモノを中心にみる
　生産性を測定するには、1人当り付加価値や労働分配率というヒトを中心にみる場合と、加工高設備生産性というモノを中心にみる場合とがあります。
　事業は、ヒトとモノが組み合わさって儲けを生み出すものです。どちらか一方だけに偏っていては、ほんとうの儲けを導き出すことはできません。
　オメガ工業は、どこに問題があったのでしょうか。

♠ヒトは働いているか
　1人当りの売上高や加工高水準が高いか低いかは、経営指標を参考にするしかありません。指標との比較をすると、売上高はまずまずありましたが、そこから生み出される加工高の額は、指標を若干上回る程度です。(図表64参照)
　オメガ工業の加工高比率は30％台半ばで、労働分配率が70％前後あります。労働分配率は、高くても50％までにしなければいけません。そうでないと、設備から生じる減価償却費、借入金から生じる支払利息の負担に耐えることができません。つまり、ほんとうの儲けを生み出すことができなくなるのです。

【図表63　労働分配率の判定】

50％超　………	減価償却費・支払利息の負担に耐えられない
50％以下　……	適当な水準に維持されること

♠労働分配率の改善
　労働分配率が高くなる原因は何でしょうか。1人当り売上高は、まずまずの数値です。しかし、そこから生まれる儲けが少なすぎるのです。収益性のところで説明したように、オメガ工業では、製造部門が赤字でした。
　そこで、商社部門で何とか儲けを得ていたのですが、商社部門だけでは、製造部門の赤字を消せるだけの利益を稼ぐことができなかったのです。そんなことから、売上はあがっても利益が少ないということになっていました。
　どうしても問題となるのが、製造部門の赤字です。製造部門での赤字は、人件費や減価償却費あるいは金利などのコストの負担が大きく、製造設備の稼働率が極端に下がっているため、コストの負担に耐えられないようになっていたのです。
　そこで、ヒトに関して行った改善策は、工場の女性従業員うち、正社員であ

【図表64　オメガ工業の生産性分析値】

	TKC	H9/9	H10/9	H11/9	H12/9	H13/9	H14/3
１人当り売上高（月・千円）	794	1,283	1,273	1,372	1,339	1,188	1,148
加工高(粗利益)比率 (％)	54.2	38.7	36.8	34.1	35.7	38.2	△10.6
１人当り加工高（粗利益）（月・千円）	430	497	469	468	478	454	△122
１人当り人件費（月・千円）	287	348	383	399	371	353	388
労働分配率（限界利益）（％）	66.7	69.9	81.7	85.2	77.7	77.8	△317.6
１人当り総資本（千円）	5,922	18,531	21,629	25,115	23,638	25,668	25,294
１人当り有形固定資産（千円）	2,689	5,399	7,028	8,905	9,238	10,380	11,414
加工高設備生産性 (％)	192.1	110.5	80.0	63.0	62.1	52.5	△12.8
１人当り経常利益（月・千円）	16	△33	△191	△133	△115	△191	△759

ったヒトを解雇して、パートタイマーに切り替えることでした。

　また、正社員についても、数名を解雇しました。オメガ工業は中小企業ですから、資金事情が悪くて追加の退職金を出すことまではできませんが、希望退職を募りました。ところが、会社として今後中心で働いてもらいたいと思っていたヒトまでが退職することになったのです。

♠人員整理をした結果、優秀な人材が相当抜けた

　筆者が経験したところでは、優秀なヒトほど簡単に会社を辞めてしまうということです。その経験は、バブル期に流行ったM&A（事業の合併・買収）においてでした。最近も、厳しい不況で、会社の身売りが増えてきましたが、バブル期のときは投資という考えでM&Aを行うことが多かったのです。

　M&Aをするときは、相手の会社の業績や従業員のことを、よくみてから「これなら買収してもいい」という結論をもって、買収をするのです。

　ところが、買収をしてみると、有望な人材であると考えていたヒトから、退職願が出るのです。会社ごと売られてしまったという気持があるのか、わかりませんが、優秀でこちらが期待するヒトほど簡単に辞めてしまうのです。

　オメガ工業でも人員整理をした結果、優秀な人材が相当抜けていきました。残ったヒトが、すべて能力の劣ったヒトとはいえません。たしかに優秀な人材で、最後まで協力してくれたヒトもたくさんいます。しかし、会社としては、この部署には、このヒトに頑張ってもらいたいと思っているのに、急に抜けられるので、その部署への人材補充が非常に苦しくなるのです。

♠製造部門の儲けがなくなったところに経験不足のヒトでロス拡大

　いくら優秀な人材であっても、今まで経験したことのない部署に配属されて、経験を教えるヒトがいないとなると、まったくの素人が仕事を始めるのに近い状態となります。

　これでは、能率はあがりません。もともと製造部門の儲けがなくなっていたところに、経験不足のヒトが何でもかんでもしなければならなくなると、どうしてもロスがよけいに大きくなってしまうのです。

♠モノは働いているか

　1人当りの総資本、有形固定資産は大きくなっています。そのような大きな総資本、有形固定資産を抱えているのに、儲けが少ないものですから、加工高設備生産性は低い値となっています。

　ここからわかることは、設備が十分働いていないということです。オメガ工業では、製造部門がお荷物となっていたのですが、それがここにはっきりとあらわれています。

　製造部門の稼働率が50％を切るような状態では、設備が十分働いているといえないのは当り前です。

　この原因は、得意先である国内メーカーの国内での生産量の減少と、工場の海外移転にありました。このような状態では、オメガ工業としても、海外へ移転することを考えるか、それとも製造設備を処分して製造を諦めることを考えるほうがよかったのです。

　しかし、メーカーとして過去に立派な業績をあげた経験をもつ社長としては、何とかメーカーとして生き残りたいという夢があったのだと思います。その夢をかなぐり捨ててまでして、商社として生き残ることはできなかったのです。

　前述のように、製造を諦めきれない社長としては、製造部門にコンサルタントに入ってもらい、製造部門におけるロスやムダを徹底的に排除しようとしました。しかも、勤続年数はある程度あっても、その仕事についての経験の浅いヒトが製造部門に多くなりました。

　こうした状況をみると、どうしても製造部門を効率化させ、何とか利益が出るようにしようという考えが出てこないのも、当り前かもしれません。

♠効率の悪い生産が行われていた

　しかし、本来ならば会社として製造部門からの撤退を考えるべきだったのです。その点を、経営指標で考えてみましょう。

　加工高設備生産性の計算式は、左のとおりでした。この計算式は、右のように書き換えることができます。

　1人当りの加工高を、1人当りの有形固定資産で割ったものが、加工高設備

$$加工高設備生産性 = \frac{加工高}{有形固定資産}$$ ➡ $$加工高設備生産性 = \frac{1人当り加工高}{1人当り有形固定資産}$$

生産性ということです。

オメガ工業では、1人当り有形固定資産が高い数値となっています。その数値が、急激に膨らんでいっています。これは、どういうことなのでしょうか。

有形固定資産の中には、土地のように減価償却をしないものもありますが、通常は、建物や機械のように減価償却をするものと考えてよいでしょう。新たな設備投資をしない限りは、有形固定資産の帳簿価額はだんだん少なくなっていくものです。帳簿価額が小さくなるのに、1人当りの有形固定資産の金額が増加するのは、償却する以上にヒトの減少が急激だったことを意味しています。

一般に製造業では、1人当りで管理できる機械の数に限界があります。これが、急激に増加しているのは、1人で管理できる設備以上の管理をしなければならなくなっているということです。1人当り有形固定資産が高すぎるのは、設備が十分に使われていないとみるほうが妥当です。

1人当り加工高は、まずまずの数字でしたが、1人当りに過大な設備を管理させていることになると、その結論はどうなるのでしょうか。

ありあまる設備をもっていても、それをすべて使うことはできませんが、1人の従業員が、あちらの設備、こちらの設備と、つまみ食いをするようにちょっとずつ設備を使うだけというのは、非常に効率の悪いものになります。

♠メンツにこだわらず、なりふり構わぬ生き方ができなかった

前述したように、会社が期待したヒトが抜けてしまい、そのヒトに対する製造設備は過大になっていました。これでは、ほんとうにヒトやモノが活かされて、効率の高い生産が行われていたとはいえません。

人員整理をしてヒトの効率化を図ろうとするなら、同時に設備についても整理をして、ほんとうに残すべき設備だけを残し、その設備での製造だけに特化したほうがよかったかもしれません。

今まで完成品をつくってきたという自負がありますから、どうしても製品の一工程だけを残して製造することには抵抗があったと思います。部品とはいえ、一応完成品をつくってきたのに、一工程だけを残すとなると、同業他社の下請けとなってしまうからです。

メンツにこだわる社長としては、そのような改善策はとれなかったと思います。しかし、メーカーとして、会社の現状をみると、それくらいしか生きる道はなかったのかもしれません。

②オメガ工業の生産性―設備が活かされていない

3 オメガ工業の安全性－投資が過大

♠不良資産を処分しないで決算を続けると分析値が狂ってくる

　経営者をはじめ、みんなが流動比率のことを知っていても、まったく役に立たないことがあるのだなと感心するのが、この流動比率です。

　オメガ工業の流動比率をみてください（図表65参照）。先にも指摘しましたが、流動比率は、どんどん高くなっています。一般的には、流動比率は高いほどよいことになっています。倒産した時点では、急激に流動比率は低下していますが、それまでは、どんどん高くなっています。

　一般的な説明からすると、流動比率が高くなってきたのだから、安全性が高まったことになるのでしょうが、倒産に近づけば近づくほど安全性が高まり、その極致で会社が倒産するというのは、経営分析は役に立たないことを象徴しているかのようです。

　これは、この流動性の内容のとらえ方が不十分であることも関係します。経営分析は、決算の結果を受けて行います。したがって、その決算がいいかげんであると、どうしても分析はおかしくなってくるのです。

　オメガ工業の年次決算は、筆者の事務所で行なっていたのですから、そんなことをいうのは問題のあるところですが、あえてそういうのは、決算のやり方次第で分析が役に立たないことがあることを知っておいていただきたいからです。

　つまり、不良な資産を処分しないで、そのまま決算を続けていたことに、安全性に関する経営分析を狂わせる大きな要因があったのです。

♠流動資産と流動負債のバランスをみる流動性

　流動性の健全性についてみてみましょう。

　流動比率は、流動資産と流動負債のバランスをみるものです。この流動資産には、現金預金のほか、一時所有の有価証券、受取手形や売掛金という売上債権、在庫などが含まれています。

　とくにオメガ工業で問題となるのは、売上債権と在庫です。収益性分析でみたように、オメガ工業では、売上債権や棚卸資産の回転期間が長くなっています。これは、不良債権や不良在庫が含まれていることが根本的な原因だったのです。そのため、流動資産はどんどん膨らむ一方となっていました。

　一方、負債のほうは、何とかして資金をつないでいきたいと借入れをするのですが、すべて長期の借入れによっていました。1年で返済することはとても

【図表65　オメガ工業の安全性分析値】

	TKC	H9/9	H10/9	H11/9	H12/9	H13/9	H14/3
流動比率（％）	250.0	158.8	205.3	229.4	248.9	238.4	151.3
当座比率（％）	214.3	126.8	161.6	182.3	182.3	141.9	100.9
預金対借入金比率（％）	51.4	34.3	33.3	32.4	20.1	11.3	8.5
借入金対月商倍率（月）	3.0	10.7	13.5	15.9	16.1	22.1	26.9
固定比率（％）	144.7	695.8	462.0	1,195.0	△2,173.5	△415.3	△159.0
固定長期適合率（％）	67.6	55.7	52.1	53.8	56.7	59.6	74.9
自己資本比率（％）	38.4	4.6	7.8	3.3	△2.0	△11.1	△31.6
経常収支比率（％）	106.9	100.6	90.6	96.2	95.0	85.6	89.0
実質金利率（％）	4.0	4.1	3.3	3.5	3.1	3.0	3.2

できませんので、できるだけ長期で借りるようにしていたのです。ということは、固定負債は増えるものの、流動負債は売上高の減少に伴って減少する傾向にあることを意味します。

　流動資産は不良なものが増え、一方、流動負債は現状維持か減る傾向にあるとすると、流動比率は高くなっていきます。

　流動比率は、貸借対照表をもとに計算するものですが、あくまで一時点の資産と負債のバランスをみるだけであって、流動比率からは、そのバランスが適正かどうかがわからないことに注意してください。

◆資本調達の健全性－固定資産への投資資金に問題はなかったか

　資本調達の健全性というのは、固定資産への投資資金に、問題がないかどうかをチェックするものです。

　固定資産は、長期にわたって利用し、それが売上に結びついて、投資した資金が回収されるものです。つまり、固定資産は、長期にわたって投資資金を回収することになるので、その資金も長期で返済するものか、返済をしないでいい資本金などの自己資本で賄われているのが望ましいことになります。

　オメガ工業の資本調達は、問題があることが一目でわかります。借入金対月商倍率が、10か月くらいからどんどん上昇しています。売上がどんどん低下していましたから、借入金自体はほぼ同じ水準でも、その負担が会社に大きくのしかかってくるのです。売上高が減少してきてから、借入金の返済が困難になってきていることが、これでよくわかります。

◆自己資本比率がマイナスになると結局は倒産へ

　これは、固定比率にも、よくあらわれています。売上減少とともに赤字が膨らんできたわけですから、固定比率は上昇していきます。ところが、資本の部

がマイナスとなってしまい、最後のほうは固定比率がマイナスという結果になってしまいました。

このように固定比率が大きく変動すること自体が、資本調達が不安定であることを意味します。

ところが、固定長期適合率をみると、ほぼ安定した数値となっています。固定長期適合率は、自己資本に固定負債を加えた長期の資金調達で、固定資産に投資をするという考え方です。投資の仕方としてはこれでよいのですが、分析をこのような形ですると、固定負債と自己資本が悪いところをカバーしてしまうため、ほんとうに悪い点がみえにくくなります。

自己資本比率は、当初から低すぎます。最後はマイナスになり、結局、倒産ということになります。オメガ工業の場合、マイナスの原因は、事業での赤字です。

♠経常収支がマイナスなら借入金によって調達するしかない

経常収支というのは、売上などの収入が、仕入や人件費や金利などの支出をどの程度上回っているかを示すものです。

平成9年9月期だけは辛うじてプラスになっていましたが、その後は常に100%を下回ることになっています。

経常収支がマイナスになると、その部分は借入金によって調達するしかありません。借入金には、当然のことながら金利がかかります。この金利の状態をみるのが、実質金利率です。

♠実質金利率の安定は政府系金融機関からの借入れが多いことによる

実質金利率は、ほぼ安定しています。これは、資金が苦しくても、借入れは銀行からだけで、よくあるようなヤミ金融からの資金調達がなかったことのあらわれです。

取引銀行から、借入れをすると一部を定期預金にするように要請されます。その結果、実質金利率は上昇します。オメガ工業も、資金をつなぐのに銀行借入に頼っていたわけですから、本来なら実質金利率がもっと上昇してもよいはずです。

実質金利率が安定しているのは、政府系の金融機関からの借入れが多かったことによるものです。政府系の金融機関では、拘束預金を要求しません。その結果、借りたものはすべて使い切ってもよいことになります。そうなると、実質金利率はあまり上昇しないのです。

♠安全性でみるべきポイント

前述の流動性のところで、経営分析には限界があることを説明しました。

しかし、流動性や資本調達についての分析は、決算内容だけでなく、分析方法そのものにも問題があります。流動性というのは、流動比率のように一時点の流動資産と流動負債のバランスをみるものです。一時点だけのバランスをみても、ほんとうの安全性はわからないことが少なくありません。
　また、固定比率は、ある程度良し悪しが判断できましたが、固定長期適合率は不十分でした。これは、どこに問題があるのでしょうか。
　資産や負債というのは、1年間の事業を行なった結果残ったものですが、事業の結果残ったといっても、たまたま残っているというくらいに考えるべきなのです。
　ところが、固定比率で使用する自己資本には、株主が払い込んだ資本金と、会社が事業をした結果である利益が含まれています。自己資本に利益が含まれていることにポイントがあるのです。この利益も、一時点の状態でしかありませんが、たまたまそうなっただけというものではありません。
　苦労をして事業を継続し、利益として内部留保したものが、自己資本の中の利益となるのです。これが多いと、会社は安定します。逆に、これが少ないと、会社は非常に苦しい状態になります。
　固定比率は、このように事業活動の総括的な結果である利益と、固定資産のバランスをみるものですから、それなりの判断ができるようになるのです。
　固定長期適合率は、あまり役に立たなかったのですが、これは、その中にたまたま残っている固定負債を加えてみているからです。このように、たまたま残ったものを取り上げて分析しても、安全性については、あまり役に立つ分析はできないことに留意してください。

♠経営収支比率は悪化の状況を示している

　また、経常収支比率は、会社の状態がどんどん悪くなってきていることを、如実に示しています。経常収入では経常支出を賄いきれない、つまり、借入金の返済は一切できないことを、しかも、その不足が次第に大きくなっていることを示しています。
　これでは、会社を継続することはできません。その結果、社長が会社の倒産を決意したわけですが、その兆候は平成10年9月期から出ていたことになります。
　ただ、この時点で倒産に踏み切れなかったかというと、それは非常に難しい問題です。社長である以上、簡単に事業を潰すことには大きな抵抗があります。何とかして、ここで挽回して、事業を立て直そうとするのが普通です。その点では、オメガ工業の社長も同じように苦労をされたわけです。しかし、実際には、その成果がまったくあらわれなかったのです。
　これは、事業経営がいかに難しいかという証左です。

4　オメガ工業の債務償還能力－極めて悪い

♠過大借入のため有利子負債も過大

　ギアリング比率をみると、有利子負債が自己資本の10倍以上になっています（図表66参照）。自己資本は、株主が払い込んだ資本金などと、それまでの会社の儲けが一緒になったものです。一般的には、会社の内部留保といいます。

　有利子負債が、その自己資本を大きく上回っていることは、その後の負債の返済が非常に厳しいことを意味します。

　自己資本は、内部留保です。内部留保が小さいことは、あまり儲けがないということになります。借入金などの返済をしようとすると、儲けて得たお金で返済するしかないのです。儲けが少なく内部留保ができていないということは、借入金を返済する原資が少ないということです。

　今後も儲けが少ないと、大きな負債に対する返済資金を調達することができないことになります。自己資本を大きく上回る有利子負債があることは、儲けの割には負債が大きすぎることを意味しているのです。

　自己資本の10倍以上の有利子負債があることは、自己資本がすべて過去の儲けであったとしても、過去の儲けの10倍以上の借入金があることになります。

　その過去の期間が２年や３年なら、何とかなるかもしれません。しかし、40年以上も会社をやってきて、その過去に儲けたお金の10倍以上も借入金があるのですから、到底返済できるのものではないと考えるのが普通です。

♠有利子負債の返済期間をみると

　有利子負債を返済するのに、どのくらいの期間がかかるかをみるのが債務償還年数です。オメガ工業の場合、図表66のとおり平成９年９月期で25年以上かかるということになっています。その後は、債務償還年数はマイナスとなってしまっています。これ以上、債務の返済は無理なことを意味しています。

　債務を返済する原資は、営業利益に減価償却費をプラスした償却前営業利益でみます。オメガ工業では、平成10年９月期以降営業段階で赤字となり、償却前営業利益はマイナスとなっています。

　債務を返済する資金を償却前営業利益でみるのは、これが借入金返済の資金となるからです。ところで、損益計算書をみると、営業損益の後に支払利息が記載されています。償却前営業利益で借入金の返済をするとしても、利息の支払いはどうなるのでしょうか。本来なら、これも償却前営業利益から支出する

【図表66　オメガ工業の債務償還能力分析値】

	TKC	H9/9	H10/9	H11/9	H12/9	H13/9	H14/3
ギアリング比率 (%)	103.0	1,626.1	1,024.2	2,611.0	△4,517.8	△920.1	△386.6
自己資本額 (千円)	44,908	71,936	112,361	43,362	△22,931	△116,999	△271,921
債務償還年数 (年)	5.0	25.5	△18.9	△24.0	△24.6	△20.2	△3.5
インタレスト・カバレッジ・レシオ (倍)	2.8	△0.4	△4.0	△2.6	△2.5	△2.6	△11.3
償却前営業利益 (千円)	9,195	45,790	△60,817	△47,114	△42,027	△53,224	△151,265

ことになります。

　ほんとうに償却前営業利益だけで、債務の償還ができるのかという不安が出てくるはずです。そこでインタレスト・カバレッジ・レシオをみることになります。営業利益に受取利息や受取配当金を加えたもので、どれだけ支払利息をカバーしているかをみるためです。

　オメガ工業の場合、最初からマイナスとなっています（図表66参照）。これは、支払利息の負担が大きすぎるということです。

♠経営を継続するのは非常に厳しい状況

　以上でみたように、オメガ工業の債務償還能力は、ほんとうに心細いものでした。それでも、社長は平気でおられたのが不思議なくらいです。社長は、「ほんとうに強靱な精神をもっている」と感心するほかありませんでした。

　といって感心ばかりしていてもいけませんので、ここでどう改善すべきだったのかについて考えてみましょう。

　債務の返済が難しいといっても、事業を継続していこうとするなら、返済しないわけにはいきません。新聞などには、大手企業などに対する債権を銀行が放棄した、という記事が出てきます。

　大手企業に認められることなら、中小企業に認めてもよさそうなものですが、世間はそんなに甘くありません。大手企業だから認められることでも、中小企業には認められないことが結構あるのです。その一つが、銀行による債権放棄です。

　大企業なら、債権放棄というご褒美がもらえるかもしれませんが、中小企業には、そんなご褒美はありませんので、あくまでも自力で対応するしかありません。

　オメガ工業の場合、平成９年から10年頃の様子をみても、経営を継続するのは、非常に厳しい状況にあることがわかります（図表66参照）。

♠銀行との交渉が暗礁に乗る

　債務の償還が難しいとなると、あとは生きるか死ぬかの選択をするしかなくなってきます。従業員もいるし、従業員やその家族のことなどを考えると、「簡単に事業をやめます」とはいえません。なんとか生きる道を探ろうとするのは、当然のことです。

　それなら、どうすればよいのでしょうか。

　まず、債務については、償還能力の範囲で返済できるよう銀行と折衝することが重要です。

　オメガ工業の場合、平成９年９月期頃までならともかく、その後は返済能力がなくなって、銀行との折衝もできない状態に陥っていました。

　銀行との交渉が現状では難しいとなると、どうすればよいのでしょうか。難しいといっても、やはり銀行とは交渉が必要です。そうでないと、もう倒産するしかありません。

♠返済計画を立てて銀行に再度のお願いする

　筆者は、倒産直前になって、ようやく会社再建の協力を要請されましたが、そのとき、まず社員に求めたのは計画を確実に実行することでした。

　オメガ工業では、販売計画や利益計画を毎年立てていました。しかし、それは単なる絵空事に過ぎなかったようなところがあります。今年の売上計画は13億円といいながら、10億円の売上しかあげられなかったとき、何の反省も原因分析もないのです。ただ、計画が達成できなかったというだけなのです。

　そして、次の年度目標は10億円とするのですが、売上実績は８億円という状態が続いていました。これでは、計画というものはまったく意味のないものとなります。

　現在債務を返済する力がないとしても、今後、ちゃんと返済するので、協力してほしいと銀行にお願いをするときは、どのような計画でいるかを説明しなければいけません。

♠立てた計画は確実に実行して協力要請体制をつくる

　その計画に意味がない場合は、誰もそのような計画など信用しません。

　まず、計画を立てたら、確実にそれを実行することが肝要です。

　といえば、「不景気の中では、それは無理だ」という意見が出てくるのが通常です。オメガ工業でも、特に社長には、そういう考えが強くあったようです。

　しかし、「こうしたい」という強い願望があれば、「何とかしよう」という気持も出てきますし、「何とかなる」のが世間です。最初から「計画どおり実行するのは無理だ」と諦めて臨むのなら、絶対に計画達成は無理です。

　オメガ工業の場合、「計画は絶対達成できない」という諦めが最初からあっ

たようです。業績不振の根本的な原因は、ここにあるのです。
　「なんとかしよう」という気持でなく、「もうダメだ」と思いながら、事業を継続するのは、もう生きているという状態ではありません。既に死んでいるといってもよいでしょう。
　このような状態ですから、業績が改善することはありません。こんな状態で銀行に協力を要請しても、協力を得られるはずはありません。
　しかし何とか、銀行には協力を要請できる体制だけはつくっておきたいと思ったのです。

♠苦労を目の前にして逃げ出した
　古い話になりますが、第二次大戦の敗戦後戦地から引き上げてきた人たちから、「焼け野原の祖国にたどり着いて感じたことは、悔しさがまじった"何くそ"という気持であった」と聞いたことがあります。戦地から引き揚げてきた方たちが、その当時、「もうダメだ」と思ったとしたら、戦後の奇跡的な復興はなかったでしょう。
　今、経営者や幹部に求められるのは、「何くそ」という気持だと思います。そこには、「苦労に負けないぞ」という強い信念が必要なのです。
　ところが、最近は、苦労を目の前にすると、途端に逃げ出す人が多いように思います。精神科医の中には、「今の若者は、主体性がなく他人に同調することだけで生きている」という方がいます。自分だけ苦労するのなら、他人と同じように楽な暮らしを選ぶというのです。筆者も、まったく同感です。
　オメガ工業の場合、社長をはじめ、幹部や社員に、「苦労に負けない」という信念が弱かったように思います。その結果は、繰り返しになりますが、倒産の道を選択することになったのです。

♠売上を回復する手立てはなかったのか
　オメガ工業では、実際には無理だったのですが、やるべきことは、計画を立て、その計画どおりの売上高を達成することでした。
　しかし、社長の言葉を借りると、「この業界で売上を増やすことは難しいんです」ということになるのでしょう。たしかに、今までのように、自分の会社でモノをつくり、他のメーカーに販売するとなると、確かに売上を回復させるのは無理があるかもしれません。

♠商社部門を軸に売上増をはかる
　しかし、自社製品の販売より、他社から仕入れた商品を商社として販売している部門では、何とか利益が出ているのです。
　それなら、その商社部門に力を入れて、何とか売上を増加させようという努

力をすればよいのです。計画をそのように立て、それを確実に実行するのです。
　努力するには、一点集中が大切です。あれもこれもとやっていたのでは、"二兎を追う者一兎をも得ず"になってしまいます。商社部門に主力を投入して、売上を回復させること、それが生きる道であると考えました。
　オメガ工業には、製造設備がありますので、商社部門に専念するとなると、その設備は不要になります。不要な製造設備は、売却してしまう必要があります。一部の機械は、実際に中国に売却することも決まりました。しかし、それは設備全体の、ごく一部だけに留まっていました。

♠ヒトの活用をはかる
　また、会社のメインを製造から商社に切り替えると、ヒトが余ってきます。余ったヒトは営業に回すことになります。しかし、工場で仕事をしたことしかない人たちに、営業で新規開拓をしろといっても無理があります。
　そのために、新しいマーケティングの手法をフルに活用しながら、販売を進めていくことが大切です。
　その手法は、やはり顧客のココロをくすぐるものでなければいけません。「オメガ工業は、ここまでお客様のことを考えているのか」と思わせる手法が必要なのです。それに乗って、新しく営業マンとなった人たちは動くのです。何の手立てもなく、新しく営業に回された人たちに、ただ「売ってこい」というのでは、「無理だ」という結論になってしまうでしょう。
　新しいマーケティングの手法として、電話やDMを使った営業が有効だと思います。ただし、忙しいお客様に対し、無理やり電話をし、嫌がられながら営業の電話をするようだと、逆効果もはなはだしいものになります。ましてや、DMなんかは、出したところですぐクズ篭行きということが多いものです。

♠ココロをくすぐるマーケティング手法を使うことを検討
　このような方法で、ほんとうに新規拡大ができるのかと思う人たちもいるでしょうが、それには、多少の工夫で成果をあげる方法があるのです。相手のココロをみながら、気があると思う相手のココロだけをくすぐるようにするのです。
　具体的な手法については、ここでは十分説明できませんが、新しいマーケティングの手法についても、十分検討してみる価値はあると思います。

♠社長の「もうダメだ」といった途端に倒産
　いずれにせよ、そのようなマーケティング手法を使い、計画を確実に実行させ、商社部門の売上を大幅に改善しようとしました。しかし、社長が、「もうダメだ」といった途端に、会社は倒産することになったのです。

⑤ オメガ工業の成長性－毎年マイナス成長

♠対前年売上高比率は常に前年を下回っていた

　オメガ工業の場合、図表67のとおり、売上では常に前年を下回っています。ここが最大の問題です。売上の減少は、会社にとっては致命傷です。実際に同社は、売上の減少が続いた結果、倒産したのです。

　売上高を分析するとき、ただ単に減少しているとみるだけでは、何の解決もできません。売上の内容を検討して、対応策を検討することが必要なのです。

　オメガ工業の売上内容は、製造部門の売上が急激に減少する一方で、商社部門の売上は、増えたり減ったりを繰り返しています。業績をほんとうに回復させようとするなら、前述のとおり製造部門の売上は諦め、商社部門の売上を急激に増やすように努力すべきであったのです。

　営業面でみると、製品の販売ルートと商社部門の販売ルートは異なっていますので、一方を停止したとしても、他に影響することはありません。この際、製品部門の販売を停止するくらいの思い切ったことが必要でした。

　そして、製造部門で余った人員は、商社部門の販売に振り替えることによって、伸び悩んでいる商社部門の売上を飛躍的に伸ばす努力が必要だったのです。

♠利益の伸びはどうか

　いうまでもなく、オメガ工業の経常利益は、図表67にみるとおり、常にマイナスでした。多少、増減がありましたので、経常利益の増減だけは表示されています。しかし、経常損益増減がプラスになったといっても、所詮経常損失の額が少なくなった程度でしかありません。

　経常損益の増減をみるときは、経常利益そのものがプラスで利益が出ていることが必要なのです。経常損益増減がプラスになったといっても、経常損失が継続している限りは、その事業を継続することは不可能です。

　同社の場合、経常利益は常に増加を続けていることは、無理な面があるかもしれませんが、5年とか10年とかの長期間をかけて、経常利益の水準がレベルアップできるような状態にもっていくべきものです。仮に、今は100万円単位の経常利益であったとしたら、5年後に1,000万円以上の利益水準になるというようなレベルアップです。

　経常利益が急激に増加するような場合、逆のことも起こるもので、急激に利益がマイナスに転じることがよくあります。急な上昇は、急な減少とセットになっていることが多いのです。そういう意味から、徐々に上昇するということ

【図表67　オメガ工業の成長性分析値】

	TKC	H9/9	H10/9	H11/9	H12/9	H13/9	H14/3
対前年売上高比率（％）	93.0	98.2	78.3	83.6	90.1	75.8	80.1
経常利益増加額（千円）	△ 4,211	△ 7,285	△ 120,447	70,733	16,834	△ 27,776	△ 215,774

が望ましいと思います。

　いずれにせよ、オメガ工業の場合、経常損失が継続している中で、その金額が増えたり減ったりしているだけでした。これでは、評価の対象にならないといってもよいのです。

♠どこに力点をおいて改善するかが問題

　業績を改善しようとするとき、どこに力点をおいて改善するかが問題となります。力の置き所によって、まったく改善できないことがあります。

　どこに力点をおくかを決めるとき、筆者は、会社の強みと弱み、つまり仕入、製造、販売、人事、技術、売上、利益などの面で強みと弱みをリストアップしてもらうことにしています。

　リストアップをしたら、会社の弱みには目をつむります。

　勧善懲悪の時代劇ではありませんが、弱きを助け強きを挫くというのが、日本人には受けるのかもしれません。どうしても弱い部門を助けたいという気持になるようです。そうすることによって、弱点がなくなり、完全な会社になれるという錯覚が生まれてくるのです。

　しかし、業績を急激に改善したいとき、弱みにとらわれていては、補強の効果があらわれないのです。急激な改善を望むなら、強い部門を、さらに強くすることがもっとも早道なのです。

♠強い部門の商社部門を補強すべきだった

　これを図表68のようなイメージ図で表現しています。会社として弱いと思われる部門と、強いと思われる部門があるとします。弱い部門を10、強い部門を100と表示してみます。

　それぞれの部門を１割ずつ補強してみましょう。そうすると、結果はどうなるでしょうか。弱い部門の10を補強すると、そのまま成果が出たとしても、増加するのは１割の１だけです。ところが、強い部門の１割を補強すると、100の１割ですから、10という増加が見込めます。

　弱い部門でも、強い部門でも、もとの実力を１割上昇させようとすると、同じような努力が必要となります。同じ努力をするなら、効率の高い部門で努力をすべきです。そうすると、成果は必然的に大きなものとなるのです。

　このように強い部門をさらに補強することによって、大きな成果を得ること

ができます。弱い部門をいくら補強しても、もともと力がないわけですから、伸びたところで結果はしれたものです。

急激に会社の業績を改善しなければならないときは、強みをみつけ、それを補強すべきなのです。

こういう点からすると、オメガ工業では、強い部門である商社部門に全力を注いでよかったと思うのです。しかし実際には、弱い部門の製造部門を諦めきれなかったのです。特に営業をしなくても、取引をしてくれているメーカーから少ないながらも注文があったからです。

【図表68】

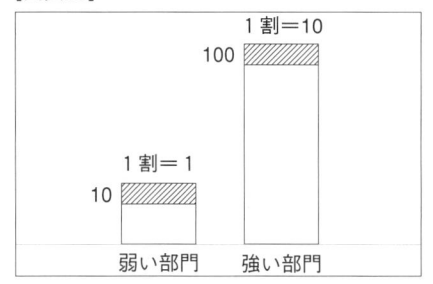

```
        1割＝1                  1割＝10
                                100
         10
       弱い部門                 強い部門
```

♠どうしても必要な社長の頭の切り替え

このような強い部門に力点をおいて、業績を伸ばすという考えを取るにも、絶対に必要なことがあります。それは、社長の頭の切り替えです。

強い部門に力点をおくことは、今までの業種から他の業種への転換が必要となる場合もあります。こうしたときに最も反発するのは、社長の頭なのです。

このような業種転換が必要なときは、どのような障害が発生しようとも、それを克服してやり遂げるという強い意思が求められますが、社長としては、長年つきあってきた仕事と別れるとなるとつらくなりますから、何とかして、今までの仕事を継続できないかと考えてしまうのです。

このような気持や考えは、業種転換の大きな妨げとなります。業績改善で大きな成果をあげようとするとき、非情なくらい徹底した考え方が求められます。

業種転換を伴うリストラでは、社員の解雇や、仕事そのものについて業種の新たな選択が行われます。業種の選択については、社員の解雇以上に、経済的に合理性のあるものでなければなりません。

もし、社長が、いままでの業種に対する愛着のために、業種転換ができないというのなら、社員の解雇はすべきではありません。仕事そのもののリストラをしないで、ヒトだけのリストラを行うと、単なる人員整理に終わります。社長の気持はまったく変わらずに、ヒトだけが減るという結果になるのです。

これでは、残念ながら、業績回復への期待はほとんどなくなります。社長の頭を切り替えるということは、即、行動に影響してきます。徹底した頭の切り替えのために、人員整理も行い、業績回復を目指しているということを社員全員に伝えることが絶対に必要なのです。

そうすることによって、強い部門へのシフトが可能となります。強い部門へのシフトができると、そこから、ようやく業績改善が始まるのです。

6 オメガ工業の損益分岐点 – 高すぎる

♠極めて厳しい状況の損益分岐点売上高

オメガ工業の損益分岐点売上高は、平成9年9月期では1,383百万円で、当時の売上高は1,308百万円でした。

経営安全率でいうと、図表69にみるとおり、△5.8%となっています。現実の売上高を5.8%増加させないと、赤字が消えないという状態です。その後は、黒字になることがなく、常に経営安全率はマイナスで、△20〜△40%の間という極めて厳しい状況でした。

♠遠く及ばない損益分岐点

オメガ工業は、倒産にいたる数年間は、常に損益分岐点売上高以下の売上高しか達成できませんでした。

同社の倒産経緯でも説明したように、毎年損益分岐点を上回る売上目標を掲げていましたが、それがまったく達成されませんでした。何年も目標売上高を達成できない状態が続きますと、社員は目標があっても、それは達成しなくてもよいと考えるようになります。

目標というのは、遠くにあるべきものといった感覚があるのでしょうか。社長は、「年初には、この目標は必ず達成させる」といっていますが、数か月すると、「得意先の工場の海外移転や倒産などの理由によって、目標が達成できない」と説明する有様です。これは、社長一人だけではありません。社員全員が、目標達成ができない理由を説明しだすのです。

これでは、どのような目標も達成できるはずがありません。最初から、目標達成は諦めているようなものですから、絶対に目標は達成できません。

「目標を設定したら、何が何でも達成」しないと、その後は、絶対に目標以下の数字しかあがりません。

「目標は目標であって、そのうちの80%でも達成できればよい」という気持では、目標の80%が最高点となります。

これが毎期続いているのですから、社員には、目標を達成しようというココロはありません。達成できなくても、会社でいろいろな理由を用意してくれるのです。先ほどもいったように、大口得意先が倒産したなどということがあれば、願ってもない理由が用意されたことになります。

このようにして、損益分岐点にはとうとう到達することができないまま、倒産に至ったのです。

【図表69　オメガ工業の損益分岐点分析】

	TKC	H9/9	H10/9	H11/9	H12/9	H13/9	H14/3
損益分岐点売上高 (月・千円)	15,087	115,304	115,399	88,709	78,724	67,907	―
経営安全率 (%)	3.7	△5.8	△35.3	△24.3	△22.5	△39.4	―
限界利益率 (%)	54.2	44.4	42.6	39.9	38.3	40.8	△8.8
平均固定費 (月・千円)	8,180	51,150	49,192	35,381	30,132	27,725	22,387
固定費増加率 (%)	94.5	100.5	96.2	71.9	85.2	92.0	161.5

♠高すぎる損益分岐点を引下げる方策

　損益分岐点が高すぎるとき、計算上は、固定費を引き下げるか、変動費率を引き下げる（限界利益率を引き上げる）ことによって、損益分岐点を引き下げることができます。

　しかし、損益分岐点の引下げを、社員が実行するのは難しい問題です。

　オメガ工業の場合、固定費で大きなウェイトを占めているのは、人件費、減価償却費、それに借入金利息ですから、これらの固定費引下げが必要となってきます。

　人件費の引下げには、リストラが必要です。減価償却費を引き下げるには、稼働率の悪い設備などの売却処分が必要です。また、借入金利息の引下げには、銀行への返済と利下げ交渉が必要です。このような抜本的な固定費の引下げは、社長でなければできません。

　社員ができる固定費の引下げとしては、消耗品の使用量などを少なくする方法もあります。実際に、営業や総務で使う鉛筆を始末して、固定費を引き下げようという会社もあるくらいです。

　しかし、このような細かな節約は、節約しようという気持を社員にみせるという意味ではよいかもしれませんが、実際の節約額は微々たるものでしかありません。

♠大胆な固定費・変動費引下げは社長しかやれない

　つまり、固定費を引き下げようとするなら、大きな項目を大胆に引き下げることが必要なのです。それだけに、社長でなければできないことなのです。

　また、変動費率の引下げにしても、同じ仕入先から、同じように仕入れていたのでは、変動費率は大きく変わることはありません。

　やはり、変動費でも、仕入ルートを変更するとか、海外調達に切り替えるなど、大胆な取引そのものの変更が求められることになります。このような大胆な変更も、社長でなければできないことです。

　残念ながら、オメガ工業の社長には、それができませんでした。

♠従業員の解雇と給与水準の引下げに終わる

　メーカーとして生き残りたい社長には、製造設備を売却するというような発想は絶対に生まれてきません。金利引下げも、銀行がなかなかOKを出してくれません。さらに、従来からの仕入先を切るのは忍びないし、海外からの材料調達は経験が少ない、などの理由により仕入ルートの変更もできません。
　結局、損益分岐点の引下げは、従業員の解雇と給与水準の引下げという方法でしかできなかったのです。
　損益分岐点は、従業員の減少に伴って、徐々に下がってはきましたが、それ以上に売上高は急速に減少していきました。結局、最後には経営安全率が△40％に近い数値となってしまったのです（図表69参照）。

♠損益分岐点売上高をどう達成するか

　損益分岐点売上高、あるいは売上目標を達成するには、どうしたらよかったのでしょうか。
　損益分岐点売上高を引き下げる努力は、当然する必要があります。そのうえで、算出される損益分岐点売上高あるいは売上目標を達成するのですが、そのためには、やはり売上そのものを増やすしかないのです。
　「経費の引下げで、利益が出るようにしよう」と説得するコンサルタントは結構多いと思います。細かな節約を積み重ねて固定費を引き下げ、それによって損益分岐点を大きく引き下げようというのです。しかし、実際には設備や人員など思い切った整理をしない限り、固定費が下がることはありません。それを抜きにして、固定費の引下げなど、机上の空論にしか過ぎないのです。
　抜本的な固定費の引下げは、社長の判断によって決められねばなりません。

♠社員レベルでできるのは目標売上高の達成

　それでは、社員レベルでは何ができるのでしょうか。
　社員でできる最も重要なことは、目標とされた売上高を絶対に達成するということです。ただ、売上高を達成するとしても、よく営業関係のコンサルタントがいうように、「得意先への訪問回数を増やせばよい」というような単純なものではありません。
　従来の得意先自体が、購買量を減らしているのです。そのような相手に、いくら売り込もうとしても絶対に無理なのです。ですから、どのような商品をどのようにして新しいお客様に販売していくかが問題であり、そのための検討が必要となります。
　オメガ工業では、新しい商品の開発、新しい顧客の開拓と、その達成がない限り、売上目標達成は不可能であったにもかかわらず、新商品や新規顧客の開拓には消極的で、そんな社風がしみついていたように思います。

オメガ工業の商社部門では、ある程度売上と利益を維持することができていました。商社部門の拡充をすることによって、新しい商品の開発や、得意先の開拓ができたはずです。

♠新規顧客の開拓・顧客へ提案などができなかった

倒産間際になって、営業マンとの接触ができるようになって、いろいろと話を聞いてみると、まったく新しい顧客への接触ができていないことがわかりました。従来の顧客についても、ただ商品を置いてくるだけで、顧客への提案がなかったのです。これでは、他の業者との値引き合戦に巻き込まれて、利幅がとれなくなってしまいます。

値引き合戦を避けるためには、提案型のセールスがよいといわれています。例えば、従来からの顧客や新規顧客に対し、積極的にいろいろな提案をすることによって、顧客の売上増に貢献し、その結果、オメガ工業の売上を増やすというものです。しかし、そういうセールスは、行われていませんでした。

また、新規顧客などの開拓も思うようにできませんでした。新しい商品や新しい顧客を捜し求めても、なかなかみつかるものではないかもしれません。しかし、ちょっと視点を変えれば、新しい商品や新しい顧客はあるはずです。

実際に倒産間際になって、新しい顧客との取引を開始するという話も持ち上がっていましたが、そのためには、取引開始時に、まとまった資金が必要となるのが、オメガ工業の通例だったのです。その資金がないために、新しい顧客との取引ができないまま、倒産を迎えることになってしまいました。

この話は、たまたまその顧客の仕入先の業績が悪くなったために、出てきた話です。その顧客の仕入先が会社規模を縮小し手が回らないので、オメガ工業が、その代わりに入り込もうというものでした。しかし、最初に必要な資金を確保できなかったのと、会社規模を小さくした仕入先以上の提案ができなかったことで、結局、その顧客との取引はできませんでした。

♠安く仕入れられるという評価だけになった

取引当初の資金は、何とか無理をすればできたかもしれません。しかし、何もできなかったのは、その顧客に販売拡大などに対する提案です。できたことといえば、従来の仕入先と同じようなものを、同じかそれ以下の値段で販売することだけでした。

これでは、せっかく新たな取引を開始できるとしても、いかに安く仕入れられるかだけが、その顧客のオメガ工業に対する評価となってしまいます。

このような判断をされると、売上はあがるかもしれませんが、利益が出ないことになりかねません。そうならないように、やはり新しい顧客へのアプローチには、工夫が必要なのです。

7 オメガ工業のキャッシュフロー－常に不足

♠キャッシュフローは常にマイナス

　TKCの経常収支比率をみると、平成9年9月期ではかろうじて100％を上回る状況となっていますが、その後は常に100％を下回っています。
　オメガ工業では、売上は減少の一途でしたから、リストラに全力をあげているべきでしょう。しかし、平成10年9月期には、そのリストラがまだ手つかずに近い状態でしたので、キャッシュフローは大きく落ち込みました。その後は、リストラの効果で若干持ち直しましたが、平成12年9月期に悪化し、それがきっかけとなって、その後、倒産することになりました（17頁の図表3参照）。
　TKCの経営指標は、実際のキャッシュフローより若干よいという数値が出ることは、先に説明しましたが、キャッシュフロー計算書をみると、平成9年9月期から、営業活動によるキャッシュフローはすでにマイナスとなっています。その後、キャッシュフローが改善されることはありませんでした。

♠設備投資だけは毎年継続するが、効果が出ない

　設備投資は、「できるだけ毎年続けるほうがよい。そうでないと世間の流れについていけない」ことを前述しました。
　その点については、オメガ工業は、優等生のように毎年投資をしています。しかし、その投資が報われていないのも事実です。せっかく投資をしても、一向に売上は増えず、若干効率化が図れただけです。
　オメガ工業では、社長や幹部は、工場の効率さえ高くすれば、業績は改善されると考えていたようです。投資のほとんどは、そのためのものだったのです。その結果、生産効率は高まったかもしれませんが、外部からみると、販売はまったく増えず、何の効果もなかったかのようにみえます。これでは、せっかくの投資が活きてきません。
　投資をするにしても、今何が必要なのか、その必要なものを満たすことができるのかどうかの判断基準を明確にして行うべきでしょう。残念ながら、オメガ工業の場合、そのような判断基準を明確にされることがなかったのです。とりあえず、目の前の作業に不都合があるから、何とかしようとして投資をしていただけなのです。
　このような投資は、きついいい方をすれば、無駄な過剰投資ということになります。オメガ工業の場合、もともと設備が多すぎる状態になっていました。それは、生産性のところで指摘したとおりです。それなのに、無駄な投資をし

ているとなると、資金の面では非常に厳しさが増してくるという結果になるのです。

♠苦しい資金繰りのやりくりに奔走

　倒産時点では、今月末の2,000万円余りの返済資金が調達できないところまできていたのです。それが、乗り越えられても、翌月の3,000万円はどうするのかという悩みが、常に社長の頭の中を駆けめぐっていました。

　そのために、銀行を駆けずり回り、資金を引き出すのが社長の仕事だったのです。資金調達は、非常に大切な仕事です。しかし、それだけで終わっているのが、オメガ工業の実態だったのです。

　資金を調達して、新たな事業展開をするとか、得意先を開拓するとかいうことはありませんでした。今不足している返済資金を、何とかして調達する、それだけのために資金調達をしていたのです。

　キャッシュフロー計算書では、毎年返済をしていたことになっていますが、相当な返済額を返済するために、新たな資金調達をしているという現状であったのです。

♠倒産は必然の結果か

　そうした点をみると、倒産することもやむを得ないのかという気がします。売上の回復は期待できず、リストラもこれ以上手をつけるところがないとすると、どうしようもないというのが現実なのでしょう。

　オメガ工業の借入金は、11億円以上あるわけですから、通常の返済計画では、毎年1億円以上の返済が必要となってきます。しかも、いくらかの設備投資も必要だとすると、少なくとも毎年1億円以上は、資金が不足していることになります。

　このような状態をみただけで、どうしようもない状態ということができます。そこで、会社を建て直すために、筆者は協力することになりました。

　しかし結果としては、社長も辛抱ができなくなって、倒産という結果になってしまいました。筆者は、社長や幹部が「まだまだ頑張ろう」という気持が残っていれば、必ず立て直しができただろうと今でも思っています。

♠オメガ工業の問題点は借入金が多すぎ、売上は毎年減少の一途

　オメガ工業の問題点は、借入金が多すぎるということです。それにひきかえ、売上は毎年減少の一途をたどり、倒産直前の平成13年では、年商が6億円を切るという状態になっていました。それに対し借入金は、そのときでも10億円を超える金額のままです。

　この売上高で、この借入金となると、まず返済は無理です。しかし、それを

何とかしないと生き残っていけません。

　オメガ工業が生き残っていくために必要なことは、現在の借入金を返済できるだけのキャッシュフローを得ることです。そのために、絶対に必要なことは、売上を増やし、利益が出る体質にすることだったのです。

　キャッシュフローに不足がなければ、会社は潰れません。しかし、事業をしていて、キャッシュフローを肌で感じるのは、なかなか難しいものです。今まで慣れ親しんだ、損益計算書で考えるほうがやりやすいのです。

　損益計算書で考えてキャッシュフローに不足が出ないようにするというのは、利益を出すという一言につきます。そして、その利益で借入金が返済できるようにするのです。そのためには、打つ手は二つあると考えました。

♠銀行に再建を協力させる

　まず、やるべきことは、銀行への返済額を少なくすることです。今の銀行は、会社を生かすより、潰すことを進めるよう、国から指示されていますから、返済額の減額要求にはなかなか応じません。返済を猶予するくらいなら、最初から倒産させるほうを選ぶのです。

　そのため、返済額を少なくするという交渉は、非常に難しいものがあります。しかし、ちゃんとした事業計画があり、その事業計画によれば返済可能で、しかも計画が確実に実行できるとなると、銀行も返済猶予等に協力できる条件がそろうことになります。

　事業計画に織り込む重要な事項は、リストラなどの抜本的な固定費の引下げ策です。特に、製造部門の操業停止と、不動産や設備の積極的な売却を推し進める必要があります。その結果、製造部門に関わっていたヒトの解雇や、配置転換をすることも必要になります。

　オメガ工業では、リストラなどによって、必ず利益が出る事業計画を立てる必要があったのですが、社長は、「改善は難しい」の一点張りです。特に製造をストップさせるという計画には、拒否反応がありました。しかし、何とか社長を説き伏せることができれば、後は何とかなると思っていました。

　社長を説得して、ちゃんとした事業計画が立てられれば、銀行の説得はスムーズに進むだろうと考えていました。というのも、筆者は既に銀行の支店長と相談し、銀行として再建に協力するという話ができていたからです。

♠再建のための事業計画をつくる

　筆者は、リストラを含んだ事業計画を立てて、それをもとに銀行と交渉し、返済額の削減をしたうえで、オメガ工業の再建を図りたいと考えていました。

　すでに作成されていた平成14年9月期の事業計画では、年間売上高は771百万円となっていました。前期の売上実績は584百万円でしたから、対前期比で

30％以上の売上増を見込むというものだったのです。
　実際には、筆者は、平成14年１月から再建に協力することになりましたが、その時点の計画達成率は、50％を切る状態だったのです。これでは、計画自体が、まともなものとはいえず、銀行に返済を待ってもらうことができるはずがありません。
　まず、事業計画を達成可能なものにしなければなりません。返済の条件見直しには、計画どおりになることが大前提だからです。
　ただし、達成可能な事業計画であったとしても、赤字では意味がありません。わずかであっても利益が出て、借入金の返済も多少はできるといものでなければならないのです。その点が非常に厳しいわけですが、抜本的なリストラを実行すれば、何とか可能であろうと思いました。

♠抜本的なリストラをする
　特に製造部門の製造をストップさせ、在庫も処分して、機械や工場そのものの売却が必要だと思いました。そのような抜本的なリストラをして、固定費の支出を抑えられれば、少ない売上高でも利益が出る体質になると考えました。
　このように、実行可能で、利益が出る事業計画を立てることが必要だったわけです。
　もちろん、再建計画を立てても、そこからよい結果を導き出すためには、社員が必ずその計画どおり実行しなければいけません。計画を実行するためには、社員の一人一人が、計画は必ず達成できるという確信をもてるようにしなければなりません。そのために、社員を、"勇気づけ、励まし、頑張ろう"という気持をもたせることが重要です。
　期首から３か月たった時点では、売上は、計画どころか、前年の数字をも大きく下回るという惨憺たる状況でした。これでは、せっかく事業計画があっても、何の役にも立ちません。

♠売上を増やす方策を検討する
　事業計画達成のためには、まず、売上を増やす方法を検討しなければなりません。オメガ工業では、平成13年10月から、それまで工場で働いていた人たちの数人を、ようやく営業に異動させました。遅きに過ぎるというきらいはありますが、それでもやらないよりはましです。ただし、営業部に配属された人たちも、今まで工場でしか働いたことがないわけですから、営業マンとしては、ほんとうの駆け出しでしかありませんでした。
　そのような駆け出しの人たちに営業をさせ、新規拡大をはからなければならないというのは、難しい面がありますが、工夫次第でなんとかなると思います。
　まず、売上をあげるためには、新しい商品への取組みや新しい顧客の開拓を

する必要があります。それには、営業マンの新規顧客訪問というのが欠かせないのですが、ただ、闇雲に訪問しただけでは、99％は無駄足に終わります。すぐに、効果を出すような戦略が必要です。

そこで、電話やファックス、そしてDMを使った、見込客の開拓とそこへの訪問という方法をとれば何とかできると踏んでいました。

DMというと、返信率は１％以下というのが常識で、せっかく送ったDMも開封されずに、ゴミ箱へ直行ということが多いものです。それを開封させ、何らかのアクションを起こさせるには、顧客のココロを揺すぶるような手段を講ずる必要があります。何もなしに、ただDMを送っただけでは、顧客は見向きもしてくれません。

しかし、探せば顧客のココロをくすぐる方法があるはずです。それをどこに求めるかは、現実には検討できませんでしたので、ここで具体的な手法をご紹介することはできません。しかし、筆者はいろいろなサンプルをもっていましたので、実験をしながら、顧客開拓はできると確信していました。

また、ちゃんとした事業計画を立て、それを確実に実行できれば、キャッシュフローは着実に改善されるはずです。しかも、銀行の協力を得て、返済額を少なくできれば、徐々に返済も進めていくことができると考えていたのです。

♠実現可能な計画で必ず実行できるという確信をもたせる

実行できる計画を立て、それを着実に実行するというのは、今まで、計画をまったく実行できなかった者にとっては、絶対に不可能なことのようにみえると思います。

しかし、計画を実行するという経験を一度でも体験すると、次も、必ずできるという期待をもって、先へ進めるのです。社員が期待をもてば、計画を実行することが可能となりますので、必然的にキャッシュフローは改善されます。

それを達成するための最大の要因は、社長をはじめとする社員全体のココロですが、現実には、そこまでたどり着かなかったのです。

オメガ工業では、計画は必ず実行できるのだという確信がないので、どうしても、計画倒れになっていました。実現可能な計画で、しかも、その結果がよくなることを確信できれば、計画は確実に実行できるのです。

オメガ工業での最大の問題点は、社長をはじめ、全員が「売上を伸ばすのは無理」と決めてかかっているのですから、売上増加は無理なのです。

売上増加が無理となれば、利益が出ることも無理となります。その結果、キャッシュフローも、当然のことながら悪いままということになります。

「できると思えば、キャッシュフローは改善できるのだ」ということをもう少し時間を使って、理解してもらいたかったと思います。今更ながら、残念な気がしてなりません。

⑥ オメガ工業の経営破綻原因と社長・幹部の役割

　オメガ工業は、実際には倒産してしまいました。もっと早期に、何らかの手を打っていれば、倒産しなくても済んだと思います。
　ここでは、オメガ工業が倒産した原因を、もう一度整理し直して総括し、倒産を避けるために、社長や幹部はどうすればよかったのかについて検討します。

1 オメガ工業の倒産原因を整理してみると

♠最大の倒産原因は売上回復ができなかったこと

　これまでオメガ工業の経営状態を分析し倒産原因を検討してきました。その結果、このような経営分析をして、対策をもっと早期に立てていれば、倒産を回避できたのではないかと思っています。
　ここで、もう一度、オメガ工業が倒産した原因は何だったかを整理してみたいと思います。倒産に至る主要な原因としては、次の項目があげられます。
(1)　製造部門の赤字
(2)　製造部門の売上減少
(3)　商社部門の売上低迷
(4)　遊休設備、過剰人員
(5)　在庫、売上債権の滞留
(6)　借入過多
(7)　事業計画の未達
　社長の言によれば、「追加融資をしなかった銀行が倒産原因」とのことです。
　しかし、現在の銀行は、政府や金融庁の方針によって、融資をストップせざるを得ない立場に追いやられています。日本の銀行は、常にお上の意向を伺いながら営業せざるを得ない弱い立場にあります。お上から業績の悪い中小企業は、積極的に潰せと指示されれば、それに従うしかないのです。
　ですから、融資をしなかった銀行が悪いと、責任を押し付けるのは簡単です。
　しかし、銀行の立場を考えると、会社の業績が悪く、それをまったく改善できない場合は、潰されて当然というのが現状です。それなのに、融資をしなかった銀行が悪いというのは、責任転嫁というしかないでしょう。
　筆者は、オメガ工業が倒産に至った最大の原因は、会社の業績の改善、つまり売上の回復ができなかったことにあると考えています。
　売上以外には、次の事項の改善ができなかったことも重要な要因です。
(1)　製造部門の赤字を放置したこと。
(2)　遊休設備を処分しなかったこと。
(3)　不良債権や不良在庫を放置したこと。

♠製造部門の赤字原因

　製造部門の赤字は、少なくとも、会社が赤字になった平成6年度以前から始まっていたのですが、以後においても、製造部門の業績が改善されることはあ

りませんでした。

　赤字の原因は、固定費の圧迫によるものです。大きな設備を抱えていても、それを使うことができず、その一部しか使われていないのです。少しの生産のために、大きな減価償却費がのしかかってきます。

　その設備を動かすのに、多くの人も必要となり、人件費もかさみます。さらに、その大きな製造設備を取得するために、借入金も大きくなっていましたので、金利負担も大きくなっていました。

　製造設備の稼働率が低くなったために、固定費の負担が重圧となり、赤字となったのです。その赤字原因を真摯に受け止め、製造を継続するなら、製造設備の稼働率を向上させることが必要だったわけです。

　ところが、社長がとった改善策は、製造ロスをなくすために、生産工程の見直しをすることだけでした。赤字を少なくするために、ロスを少なくすればよいという考えだったのです。同社の場合は、製造工程の稼働率そのものに問題があったのにです。

　ロスを少なくして、業績を改善できるのは、稼働率が十分確保されているときだけです。販売が順調で、稼働率が高いのなら、製造でのロスを少なくすればするほど、利益が出ることになります。

　しかし、同社の場合は、販売が不振で、稼働率が低くなりすぎているのです。この稼働率を上昇させない限り、いくら製造ロスを少なくしても、原価を引き下げることができず、赤字を継続することになるわけです。

♠必要売上高はいくらか

　稼働率をあげることは、販売を伸ばすことにつながります。では、オメガ工業の製造部門は、どの程度の売上があれば、黒字転換できたのでしょうか。

　それをみるのが損益分岐点分析です。製造部門の売上がいくらでないといけないのかは、製造部門の費用を変動費と固定費に分けて計算することからはじめなければなりません。

　早い時期に対応するということから、平成9年9月期で検討してみることにします。まず、図表70のように製造部門の損益だけを取り出してみます。

　製造部門では、すくなくともこれらの経費を賄えるくらいでないといけません。そこで、製造原価とこれらの経費をあわせて、損益分岐点を計算することにします。

　次に、費用を固定費と変動費に分けます。図表70の製造原価や経費の金額の後ろに、（変）と書いてあるのは変動費、（固）と書いてあるのは固定費と考えられるものです。

　損益を、変動費、固定費で計算すると、図表71のようになります。

　図表71のとおり、製造部門の固定費は年間528,352千円となっています。そ

①オメガ工業の倒産原因を整理してみると

【図表70　製造部門の損益】　　　　　　　　　　　　　（単位：千円）

売上高		865,820
材料費・外注費 労務費 工場経費 製造原価	 428,746（変） 227,473（固） 120,283（固）	 776,502
売上総利益		89,318
販売費及び一般管理費		158,483（固）
営業外費用		22,113（固）
経常損失		△ 91,278

して、製造部門の限界利益率は50.5％です。

この計算よると、オメガ工業での製品の販売で必要な損益分岐点の売上高は1,046,242千円となります。

【図表71　変動損益計算書】　　　　　　　　　　　　　（単位：千円）

売上高	865,820
変動費	428,746
限界利益（限界利益率）	437,074（50.5％）
固定費	528,352
経常損失	△ 91,278

$$損益分岐点売上高 = \frac{固定費528,352千円}{限界利益率50.5％} = 1,046,242千円$$

まず、この売上を確保できないならば、製品の製造はストップするくらいの決断が必要でした。平成9年度当時で、製造部門では、約10億4,600万円の売上が必要だったわけですが、8億6,500万円程度の売上しかなかったのです。

経営安全率は、製造部門ではマイナスの20.8％です。利益率がこのままであるとすると、あと21％以上売上を増やさないと、経費を賄うことができないことになりますが、オメガ工業では、十分な売上が確保できないままでしたので、赤字が拡大していくことになるのです。会社として、この点の認識が不十分だったと思います。

♠設備の処分で固定費を引き下げる

製造部門の赤字をなくすには、売上を増やし、稼働率をあげること以外に、設備を処分して固定費を引き下げるという方法があります。

自社で製造を継続する場合、ここだけは絶対に他社に依存しないという設備だけを残し、他は売却処分をしてしまうほうがよいのです。設備を処分することによって、減価償却費の負担が少なくなります。

また、土地や建物を売却できれば、まとまった資金が入ってくるので、借入

金の返済に充当することができます。しかし、不動産には、銀行が抵当権を設定していますので、銀行に抵当抹消をしてもらわないと売却できません。不動産を売却するなら、銀行と相談のうえで行うことが必要となるのです。
　このように銀行に抵当権を抹消してもらうとすると、他の不動産に新たに抵当権を設定するよう、銀行から要求されます。他に不動産がないときは、不動産の売却自体が難しくなる可能性もありますが、しぶとく交渉を続け、粘り勝ちで売却を進めるしかないのです。
　実際に、オメガ工業は不動産の一部を売却しましたが、業績不振に陥っている製造部門の工場売却はできませんでした。
　本社は、準工業地帯にあって近くに住宅もあり、住宅用として売却することも可能でしたが、工場は、地方の工業団地にあり、工場か倉庫など業務用としてしか売却ができないのです。
　最近は土地の価格も、年々安くなっていきます。その一方で、デフレスパイラルによって、各企業の業績が悪化しています。しかも、製造を中国に移した会社が多いために、国内の工業団地では、売却先がみつからないのです。
　そのような状況から、なかなか不動産の売却ができず、それによって、借入金の金利負担が減少しなかったのです。

♠不良債権・不良在庫の処分で正しい経営状態を確保する

　不良債権や不良在庫を処分すると、どうなるのでしょうか。
　遊休不動産を売却すれば、ある程度借入金の返済ができます。しかし、不良債権や不良在庫を処分しても、資金が入ってくることは考えられません。
　借入金が減ることもないのならば、不良債権や不良在庫をもったままでもよいと思われるでしょうが、そうではないのです。不良債権や不良在庫で資産が膨らんでいると、経営分析の数値上、総資本の回転期間が長くなり、総資本経常利益率等が悪くなります。それだけでは、大した影響はなさそうに思えます。
　「借入金も減らない、総資本利益率が悪くなっても、特に影響はない」——それなら、どうして不良債権や不良在庫を処分する必要があるのでしょうか。
　今の不況は、簡単に解消できるものではないからです。不況はずっと続くものとして、その中で生き残るには、どの程度の売上が必要か、いくら利益を出すのがよいのかを考えながら生きていくことが必要なのです。
　必要な売上や利益を考えることは、計画段階で、どのような数字をあげるかを検討しておく必要があるのですが、現在の売上や利益が、不良債権や不良在庫を含んだところで計算していると、正確な判断ができなくなるのです。
　これまでみてきたオメガ工業の経営分析数値は、そうした不良債権や不良在庫を含んだものでした。
　もし、これらの不良債権や不良在庫がないとして考えると、製造部門の必要

売上高は12億円になるかもしれませんが、目標を10億円としていては、まだ不足することになるのです。

ほんとうなら、もっと売上をあげなければならないのに、不良債権などがあるために判断が狂い、売上はもうこれで十分だとしている会社が結構あります。これでは、ほんとうに必要な資金が確保されないのです。その挙句は、資金不足で倒産になるのですから、要注意です。

♠結論としての倒産原因

オメガ工業の倒産原因には、いろいろな要素が考えられますが、①売上の不振と、②遊休設備、過剰人員、③在庫、売上債権の滞留の三点に絞って考えることができます。

「赤字に目を瞑る。不要な不動産や設備を処分しない、その結果として、借入金が減らない。決算を粉飾して、それで安心する」ということは、ほんとうの姿をみて判断をすることが、なかったことを表しています。厳しい状況下では、会社の本当の姿をみることが極めて重要なことです。

製造部門で赤字が出ているのなら、その解消策を立てるべきです。しかし、取り敢えずそこには目をつむって、今まで国内で製造をしてきたから、これからも同じように製造を続けたいというのは、経済性を追求するのではなく、ロマンだけを求めているのと同じです。

これでは、この厳しい環境下では生き残っていけません。厳しい経済環境の中で生き残っていこうとするなら、厳しい現実をよく見据え、的確な判断が求められるのです。しかし、オメガ工業では、そのような的確な判断をし、積極的な改善策を打ち出すことが実行されないままに終わりました。

♠最大の原因はココロの問題

このような結果になった最大の原因は、社長をはじめとする社員全体のココロの問題を避けて通ることはできません。

まず、「現実をありのままにみる」というココロが必要です。「現実の赤字をみても、よくみていない」というのが、ほとんどの倒産した会社の状況だと思います。「現実をみたくない」という気持が働くのかもしれません。

さらに、「改革をするといろいろな影響が出るのではないか」とか、「やってみても結局は無駄に終わるのではないか」とか、やる前から、いろいろと心配したり批判したりするのです。これでは、一歩も前へ進むことができません。

その結果、現状のままで、何も手を尽くさずに倒産することになるのです。ココロを素直にし、少しでも前進することから始めるべきだったのです。

オメガ工業は、自社は今のままの状態で、業績だけ何とか改善したいと思うものだから、何もできないという結果になったのです。

② 会社を潰さないために社長がなすべきこと

♠倒産回避のために社長は何をなすべきか

倒産を回避するために、社長がなすべきことは何でしょうか。

オメガ工業では、銀行に出向き、現状の問題点を説明し、今後このような計画ですから、今までどおり取引を継続してもらうように支店長に懇願するのが、社長の役割でした。

しかし、倒産直前に、筆者が支店長に支援のお願いをしたときには、支店長は「社長の夢物語はもう聞きたくない」といいました。

社長は、事業年度が始まった頃には、「今期の売上は、このように伸びます。新しい得意先が、このように増えます。その結果、利益はこのように、急激に改善されます」というような話を支店長にしていたのです。それが、事業年度の終わり頃には、「得意先が倒産した」とか「中国製品にやられて売上が伸びなかった」という言い訳に変わるのだそうです。

計画として説明したことがほとんど達成されないことが続くと、誰もその話を信用しなくなります。実現不可能な計画を信じて本店に報告していると、その結果は、支店長の左遷ということにつながってしまいます。どうしても、確実に実行できる計画でないと、支店長の立場としては、受け付けることができないわけです。

♠業績不振の原因を徹底的に検討し原因を突き止める

会社がどうしようもない状態に陥っているとき、社長としては、どのようにすればよいのでしょうか。

それは、まず、業績不振の原因を徹底的に検討し、原因を突き止めることです。まず、会社の現状をよくみることです。業績不振の原因は、必ず社内にあります。会社に何か問題があるから、業績が不振になっているのです。

「景気が悪いから業績も悪い」という話をよくます。しかし、景気が悪ければ、すべての会社の業績が悪いのかというと、そんなことはありません。

今のように景気が悪くても、数は少ないかもしれませんが、売上を伸ばし、利益を拡大している会社があります。そのような会社の社長に話を聞くと、「みんな売り方を知らない」ことを指摘しています。

まさにそのとおりで、売り方を知らないから、販売不振に陥り、顧客に見放され、赤字で苦しむことになるのです。顧客が何を求めているか、顧客が求めるものを供給できているかを考えれば、必ず、業績は改善できます。

しかし、そのためには、今までの事業を180度転換させなければならないかもしれません。しかし、それが正しい道だとすれば、勇気をもって、その道を進まなければならないのです。

♠どの道が正しいかを社員に指し示す

社長は、今、業績が悪いのは、会社のどこに原因があるのかを突き止め、どの道が正しいかを社員に指し示す義務があります。

それができずに、「いや顧客が逃げた」「社員が働かない」などと愚痴をこぼしているようでは、倒産への道を突き進んでいることになります。まず、原因は、自分自身も含めて、社内にあるのです。その点を十二分に理解しておくことが必要です。

♠会社のほんとうの姿をよくみなかったオメガ工業の社長

オメガ工業も、倒産の原因は、会社の現実をよくみなかったことにあると思います。

冒頭の会社概要のところで、月次決算が遅いことを指摘しました。これは、まさに月次で会社の業績をみることは不必要だといっているのと同じです。実は、このような姿勢が、製造部門や、商社部門の営業活動全般に反映されていたのです。

いつも赤字で、その赤字がだんだんひどくなってくると、会社の現状をみるのが怖くなってきます。現状をみないというより、現実から目を背けたかったというほうがよいかもしれません。このような状態は、社長一人だけではないと思います。会社の業績が悪いと、社員のやる気もなくなります。働いても、働いても、「ダメだ、ダメだ」といわれるようでは、社員は面白くありません。社長より先に、社員がイヤになっているのです。当然、社員も、「会社の実状をみたくない」という気持になります。

つまり、業績が悪いから、社員も社長も、現実から逃避してしまうのです。

その結果が、ロマンだけで業績が改善できるという甘い夢のような話に逃げ込んでしまうのです。しかし、その夢は、資金不足という事態に至って、消えてしまいます。倒産です。

♠会社の現状を常に的確に把握していることが必要

倒産を避けようとするなら、まず、会社の現状をよくみることです。社長は、まず、そういう姿勢を示すことが必要です。

「不良債権や不良在庫は、徹底的に洗い出して処分する。遊休設備は何かを追求する」といった内容を、社員に指示し、会社の現状を正直に決算書に表示するようにさせるのです。突然決算書の話になりましたが、業績回復にとって、

月次の決算書は非常に重要なものです。

オメガ工業の場合で考えると、決算書は、銀行や税務署に提出するためだけのもののように考えられていました。しかし、それだけでは、ほんとうの決算の目的の一部に限定されたものになります。

決算は、他人のために行なうのではなく、そもそも、自分自身のためにあるのです。決算書は、自分で自分の姿を鏡に映してみることなのです。

当然、銀行や税務署でも、決算書は必要とします。当然、顧客や仕入先も、会社の決算書を必要とします。取引をするかどうかを決定するのに、決算書が必要なのです。それ以上に決算書を必要とするのは、社員なのです。何をするにも、社員が動かないといけないからです。

その社員に自分自身の姿をみせるのです。これこそが決算書、本来の役割です。その決算書が正確なものでないと、現状把握ができないことになってしまうのです。

♠幹部や社員を交えて原因を追及する姿勢が必要

そのうえで、幹部や社員を交えて、このようになった原因を追及する姿勢が必要なのです。

過去に相当な実績を残した経営者ほど、過去の栄光に目がくらんでいるケースが少なくありません。「今の社員はダメだ、ワシの若い頃ならこうしたものだ。今の連中はなっていない」という愚痴が、いたるところで聞こえてきます。

しかし、今の若手社員も捨てたものではありません。まず、任せてみることです。「いや、そんなことは、今までもしてきた。それができないから、ワシが何から何まで指示しなければならないんだ」という反論があるでしょう。

どちらが卵で、どちらが鶏かはわかりませんが、これはお互い様ということがあるかもしれません。「社員が頼りないから、重要な仕事は任せられない」逆に、「社員に重要な仕事を任せないから、社員が育たない」──そうしたことを繰り返しながら、頼りない社員をつくってきたのです。

まず、任せてみて、「赤字の原因を何に求めるか」をじっくり話し合うことです。ただ、話し合うとしても、社長の独演会だけは避けなければいけません。

♠会議は独演会で終わっていたオメガ工業の社長

オメガ工業の幹部社員の話では、「会社の会議は面白くない」とのことです。「いろいろな意見が出されても、社長がすべて自分の考えでまとめてしまい、結局は、社長の独演会で終わってしまう」ということです。これでは、まともな意見は出てきません。

もし、そのような傾向があるのなら、社長が参加しない会議を開催させ、そして社員の考えを出させることが必要となります。

社長がいると、どうしても社長の顔色を伺いながら会議をすることが多くなります。ましてや、独演会が好きな社長を前にしていては、なお更です。
　会議も幹部にまかせ、幹部にまとめさせるのです。

♠現状を打開する方策を広い視野で考える

　そのようにして、原因が追及できたとしたら、現状を打開する方策を考え、いずれかの道を選択することが必要となります。
　これには、さまざまな方法があると思われます。
　この図表72をみて、何にみえるでしょうか。

【図表72】

　こう尋ねると、ほとんどの方は、真中の点に集中し、「穴である」とか、「虫だ」とか、いろいろな面白そうな話をすることが多いものです。しかし、この黒い点こそは、赤字の原因であり、赤字そのものです。
　赤字を打開しようとするなら、黒い点だけに集中しこだわっていてはダメなのです。図表72でいうと、点は四角全体の中で、約１％程度の面積を占めるだけです。他の99％の部分は空白となっています。
　赤字にとらわれていると、この99％の空白に目がいかないのです。そのため、業績を改善できるチャンスがあっても、それに気づかないのです。

♠「社員にこの道を進め」と明示することが肝要

　特に社長は、広い視野をもって、どこに目をつければ業績を改善できるか、常に考え、発見する努力が必要です。
　赤字打開策についても、社員に意見を求めることは必要です。しかし、それだけでは、十分ではありません。社長も赤字にとらわれているかもしれませんが、社員も、それ以上に赤字にとらわれているものです。
　打開策を決定するのは、社長でなければいけません。社長がこの道を行くということを、決定しなければならないのです。たとえ、それが社員から出た道であっても、選択するのは、社長です。これを、社員のいったようにするので、社員に責任があるようなことを、少しでも漏らせば、社長の職務はまったく果たしていないのと同じです。
　どの道を選ぶかは非常に重要ですが、いくら正しいと思う道を進んでも、間違いが起こることもあります。そのようなとき、「社員が選んだ道で失敗した」と社長がいうものなら、社長に対する信頼はゼロになってしまいます。
　あくまで、道を選択するのは、社長なのです。そのうえで、その方角を指し示し、「社員にこの道を進め」と命令することが必要です。

3 元気印の会社づくりのために幹部がなすべきこと

♠幹部は社長の意思決定のためのパイプ役

　業績改善をするためには、会社全体をどのように改革するかが求められます。大切なのは、社長です。社長の考えが、会社の運命を決定づけるのです。

　そして、幹部（何らかの決定権がある社員のことをいいます）は何をすべきかというと、その重要な社長の意思決定を左右することです。

　社長が意思決定をするときに重要なのは、正確な決算です。その内容が適切なものかどうかを、しっかりとみつめ直さなければなりません。社長が適切な意思決定ができるように、幹部は正確な決算の実施を指示し、監督することが必要です。

　そして、その現状に至った本当の原因を追及しなければなりません。そこでも、社員の意見をまとめ、社長に報告することが必要となります。

　最後に、改善策を決定するのですが、そのための意見を出すのも幹部の重要な役割です。それを幹部が、きちんとやっていないと、社長の方向づけに狂いが生じることになり、間違った方向へ進んでしまうのです。

　幹部の役割は、社長の最終決断を決定づける重要なものなのです。

♠社長の決定を妨害するな

　そして、さらに重要なことは、社長が下した結論を断行することです。

　オメガ工業の例でいうと、筆者の結論は、製造部門を閉鎖し、商社部門だけで生き残るというものです。これは、あくまで筆者の結論であり、社長の結論ではありませんが、仮にこれが社長の結論であったとしたとき、この方向づけを実際に断行するのが幹部の役割となります。

　ところが、製造部門を閉鎖するということは、製造部門に関わっていた幹部にとっては、自分の仕事がなくなってしまうことを意味します。

　そのようなとき、製造部門の役員や部課長などの幹部は、徹底的に会社の方針に反対し、現状維持の行動に出ることが多いものです。しかし、これでは、社長の決定を断行するのではなく、社長の決定を妨害することになります。

　幹部は、このように社長の決定を妨害することをしてはならないのです。

♠結論が出るまでに自分の意見を反映させる

　幹部の言い分を考えると、「社長の意思決定には、幹部の意見や社員の意見がまったく反映されていないのだから、指示に従う必要はない」というかもし

れません。

　赤字企業の場合、社長は独断でいろいろなことを決定しているケースが多いと思います。それがイヤで、幹部も協力しないのです。幹部は、社長のいうとおりにしていると、会社が潰れると思うのかもしれません。

　このようなケースの場合、ほとんどの社長は、社員の意見を聞いていません。オメガ工業でも、会議が社長の独演会で、誰も意見を出しません。そのため、会議で結論が出たとしても、どの幹部も自分の意見は反映されていない、つまり自分の意見とはまったく違うという考えをもつのです。

　そのため、会社の方針が社長から出されても、幹部としては従わなければなりませんが、個人的には、その方針に従いにくいというジレンマに陥ります。幹部としての職務上の立場と、個人の立場のジレンマがあれば、ほとんどの場合、個人の立場が打ち勝ちます。

　はっきりとは、社長の考えを否定することはしないかもしれませんが、目にみえないところで、社長の指示を受け入れないことになるのです。

　この結果、その部下となる社員も、上司の指示に従わないことになります。会社の方針と幹部の考えや行動に不一致があるので、社員は、いずれの道を選ぶべきかわからなくなってきます。どのようにしてよいかがわからないと、社員のやり方は、今までのやり方をそのまま維持することしかありません。

　結局、会社としては、社長の決定は、まったく実行されないことになってしまいます。

♠社長の方針を全面的に受け入れて実現させようという気持をもつ

　そんなことにならないためには、幹部が、「社長の方針を全面的に受け入れ、それを実現させよう」という気持をもたなければなりません。

　幹部がこのような気持になるためには、社長の結論が出るまでに、必ず、社員や幹部の意見が反映されたものになっていなければならないのです。

　社長と、幹部や社員の意見が対立することがあるでしょう。そんなとき、幹部としては、まず、パイプ役としての職責を十分果たし、意見が統一されるように努めることが求められます。

♠社長に的確な報告をする

　会社の経営方針や進むべき道は、最終的には社長の決断によることになりますが、社長だけが、一人で決めるわけではありません。パイプ役の幹部からの報告を受けて、社長が決断を下すわけです。

　その社長の最終判断を決定づけるのは、幹部の報告ということになります。幹部はパイプ役といいましたが、社長の考えを会社全体に伝えたり、社員や得意先、その他の環境の変化などについて、社長に的確に報告するというのも、

幹部の重要な仕事です。

　人間としての幹部は、ほんとうのパイプと違うのは、意思が働くことです。そして、人を説得することもできます。

　社長に、社員や得意先の状況などを報告するときは、幹部の意思が反映されたものになっています。意思を交えずに正確に報告することが必要な情報もありますが、ほとんどは幹部の意思が反映されていると考えてよいでしょう。

　例えば、得意先からオメガ工業に対して、クレームがあったとします。それを社長まで報告するかどうかは、幹部が決定します。重要なことは、すべて社長に報告しているかもしれませんが、その重要かどうかという判断にも、幹部の意思が働いているのです。

　もし、幹部にとって不都合な内容のクレームであれば、いくら重要な問題でも社長に報告されないことが出てきます。報告は、できるだけ正確にすべきですが、幹部も人間である以上、意思が働いくのは当然です。

♠社長の軌道修正に資する意見を

　そこで、幹部としては、どういうような気持で、社長への報告等をすべきでしょうか。社長も、人間である以上、間違いを犯すこともあります。幹部としては、社長の決定した方針を守ることが重要です。しかし、その方針が間違っていると思われることもあるでしょう。

　オメガ工業の例でいうと、社長は、何とかして製造部門を建て直したいと思っているのに、現実には、製造部門の立直しは無理だと考えられるときです。

　このようなときは、社長に対し、製造部門の立直しを諦め、商社部門に特化するよう勧告するくらいの幹部でなければなりません。

　社長というのは、頑固な人が多いものです。自分では、物わかりがよいと考えている社長でも、他人の意見は、そのまま受け入れない方が多いものです。逆にいえば、頑固ということはそれなりの信念をもっていることですから、そのような信念がないと、社長にはなれなかったといえるかもしれません。

　頑固さには、良い面も悪い面もありますが、会社の業績が悪化しているときは、とかく悪い面が出てくるものです。頑固であるがゆえに、幹部が自分の意見を出して、会社の方針を軌道修正させようとしても、受け入れてもらうことはほとんどないかもしれません。そこを、なんとか手を尽くして、社長の方針を変更させるように仕向けるのも、幹部の重要な仕事です。

　オメガ工業の場合、リストラによって、人員整理をしていましたが、リストラではなく、自ら辞めていった幹部もいます。その中には、社長がまったく自分の意見を汲み上げてくれないので、失意の中で辞めていった幹部もいます。そういったところでも、目にみえない大きな損失を出したと思います。

　そうなる前に、努力を惜しまないでやることが幹部のなすべきことです。

4 元気印の会社づくりのためにココロすべきこと

♠やっていて「楽しい」「よかった」が欠けていないか

　いままで、オメガ工業の実態をみてきました。また、社長や幹部のなすべきことについても、筆者なりの考えを述べました。しかし、「それだけで、会社の業績を改善できるのか。難しいのではないか」という疑問をもたれた方が多いだろうと思います。

　たしかに、業績を改善するには、それだけでは無理だろうと思います。オメガ工業に欠けていたもの、それは「楽しさ」だったと思います。

　経営学者のマズローという先生は、「人間の欲求で最も高度なものは、自己実現だ」といっています。食べたり、遊んだり、人に認められたいなどの欲求以上に、自分自身を実現させたいという欲求があるというのです。

　自己実現などというと、言葉ではわかったような気になります。しかし、ほんとうの自己実現とは何かとなると、答えるのが難しいものです。

　筆者は、この自己実現というのは、やってみて自分自身で「楽しい」、「うれしい」と思うことをすることだと考えています。自分自身が楽しいことが、できればよいのです。それが自己実現だと思います。

　オメガ工業では、歯を食いしばって何とか難局を乗り切ろうという必死の形相はあったかもしれません。しかし、やってみて「楽しかった」とか「よかった」という満足感が得られるものがなかったように思います。

　これでは、社長も幹部も、やっていてまったくおもしろくありません。まして や、その下で働く社員にとっては、毎日が流れているだけで、何の楽しみもないというのが現状だったと思うのです。

♠やりたいことができる風土

　楽しくなりたいとすれば、会社で毎日宴会をすればよいのかというと、そうではありません。ほんとうに楽しいと思うのは、「やりたかったことができる」ことです。

　オメガ工業では、その点はどうだったのでしょうか。はっきりいうと、オメガ工業には、何をしたいのかという目標がありませんでした。それがないために、何をやりたいのかがわからないのです。その結果、何かをしても、やりたかったことができたのかがわからないのです。仕事をしても、何をやっていたのかがわからないので、楽しさや満足を得ることができなかったのです。

　これは、オメガ工業だけに限ったことではありません。世間をみると、人で

も会社でも、何をやりたいのかがわからないというケースが多いのです。

このようなことをいうと、「そんな馬鹿な」と思われるでしょう。何をやりたいのかがわからない人や会社がいるなんて、おかしいと思われるでしょう。

しかし、そのような人たちに、自分や自分の会社でやりたいことは何ですかと問いかけてみると、具体的な回答が出てくることはほとんどありません。

「個人ではこんなことがしたい」、会社では「この製品をつくる」、あるいは、「こういうサービスを提供する」などという回答はあるかもしれません。その方に、「自分のしたいことはできていますか」、「その製品をつくって誰が喜ぶのですか」などと問いかけてみると、口ごもることが多いのです。

実際には、やりたいことがはっきりしているようで、不明確なままということが多いのです。抽象的には、何をやりたいのかがわかっているような気になっているだけなのです。何をして、誰に満足してもらいたいのか、満足とは何か、などということが、具体的にはっきりしていることは少ないのです。

まず、やりたいことを具体的なものにし、これがやりたいという基準を明確にすることが大切なのです。しかも、その基準を自分自身でつくることが大切なのです。人にいわれたり、人の真似をしたのでは意味がありません。自分の考えでつくることに意味があるのです。

そして、その導き出された回答を、文書なり絵なり、なんでもかまいませんが、目にみえるものにするのです。やりたいことを抽象的なままにしておくのではなく、目にみえる具体的なものとすることが大切なのです。

そうすれば、やった結果が、やりたいことに合致していたかどうかが明らかになります。もし、それでもやりたいことが十分できていなければ、もっと頑張って、やってみようという気になるのです。

そして、そのやりたいことが達成できたときに、「よかった」という気持になり、満足感が得られ「楽しい」という気持を実感できるのです。これが、マズロー先生のいう"自己実現"だと思うのです。

♠明確な目標づくりが大切

今、「目標をつくればよい」といいました。しかし、目標というと、会社の定款に事業目的というものが書いてありますが、そのような内容の目標を掲げる方も多いと思います。「○○製品の製造、販売」などというものです。

ところが、この定款に書いてある事業目的というものは、具体的なようで具体的ではありません。例えば、音響製品の製造という事業目的があったとしましょう。これは、定款の目的として相応しいかもしれませんが、会社や社員が満足を得るための目標としては相応しくないのです。

満足を得るための目標としては、音響製品の中の何をつくり、誰を楽しませるのか、ということが明確にされなければなりません。顧客を明確に頭に描き、

その満足している顔を思い浮かべるのです。そして、何をどのようにつくるのかを決め、販売していくのです。

こういうと、「うちは下請けだから、発注元メーカーのいうことをするだけで、顧客の満足なんて考えられない」という反論があるかもしれません。

確かに下請けでは、発注元メーカーの注文によって作業をしているだけかもしれません。しかし、下請けメーカーであっても、「それをつくることによって、どのような製品が出来上がり、顧客のところへ届いたときにどのような喜びを顧客に与えることができるのか」をよく考える必要があります。

そうすると、「発注元メーカーでの製品について、このような改善ができるのではないか、あるいは、このようにしたほうがよいのではないか」などという提案もできるようになるはずです。そのような対応ができれば、単なる下請けで終わることもなくなります。ましてや、その提案が発注元メーカーの業績アップにでもつながれば、あなたの会社の地位は相当向上するはずです。

目標を具体的にすれば、成功があると信じて、明確な目標づくりをすることが大切なのです。

♠目標をとことんやりぬく気持と前向きな行動が肝要

目標を決めたからよい業績を残せるかというと、そうとも限りません。具体的な目標を決めても、なかなかできないことがあるのです。

目標がなかなか達成できないと、目標を変えたり、所詮目標だけではよくならないとあきらめたり、途中で腰砕けということが多いのです。そのために、世間にはたくさんの人や会社がいるのに、成功者といわれるのは、ごく一部に限られてくるのです。目標を達成するためには、いろいろな障害が出てきます。特に強い抵抗を示すのは自分自身なのです。

目標として掲げるのは、今までにやってこなかったこと、できなかったことであるはずです。それをしようとすると、今までとは違った行動をとる必要に迫られます。自分自身の決めた目標を達成するために、今までと違った行動をとるというのは、自分自身を変えることにつながります。これが一番強い抵抗勢力になるのです。

オメガ工業の場合でも、社長は、最後まで今までのやり方を変えようとしませんでした。「変えようという気持がなかった」というほうが正確かもしれません。今までと同じことを、同じようにしながら、会社がよくならないかという思いで経営をしていたのです。

これでは、何もよくなりません。目標を達成し「楽しさ」を実感するためにこれをやるのだ、という強い意志に基づいて、とことんまでやり抜くという気持が、会社を改善するために必要だったのです。そして、その気持をもちながら、常に前向きな行動をとることが不可欠だったのです。

⑦ TKC「15業種別黒字企業の平均経営分析数値」一覧

　TKCの平成14年版「15業種別黒字企業の平均経営分析数値」を収益性・生産性・安全性・債務償還能力・成長性・損益分岐点分析のそれぞれについて一覧表でまとめています。
　この分析数値は、TKC会員である約8,500名の公認会計士や税理士の顧問先企業22万6,000社のうち、約11万2,483社の黒字企業の生データをもとに作成されたものです。
　自社のチェックの際の参考にしてください。

1 「収益性の分析数値」

【図表73　業種別黒字企業の平均収益性分析数値】

業　種				全業種		農　業 （A　大分類）		林　業 （B　大分類）	
対象企業数				112,483件		619件		96件	
分析比率名				黒字平均	黒字中位G	黒字平均	黒字中位G	黒字平均	黒字中位G
平均従事員数・中位G従事員数				16.8名	10.6名	10.8名	7.6名	11.3名	9.1名
収益性	総合	総資本営業利益率（％）		4.0	2.3	3.4	1.8	2.6	2.2
		総資本経常利益率（％）		4.3	3.0	6.0	3.9	3.5	2.9
		自己資本利益率（税引前）（％）		14.1	10.4	20.5	18.9	10.5	8.9
	資本回転率	総資本回転率（回）		1.3	1.4	1.1	1.1	0.9	1.4
		回転期間	総資本（日）	282.7	268.0	332.1	339.7	402.4	264.4
			流動資産（日）	151.8	140.4	173.9	177.7	208.3	165.4
			現金・預金（日）	51.4	51.1	54.0	51.0	72.5	66.8
			売上債権（日）	56.4	50.1	28.0	32.2	43.3	27.4
			棚卸資産（日）	27.0	23.9	77.7	82.5	55.3	48.1
			その他流動資産（日）	16.9	15.4	14.3	12.0	37.1	23.1
			固定・繰延資産（日）	130.9	127.6	158.2	162.0	194.1	98.9
			有形固定資産（日）	102.6	100.9	138.0	145.6	166.9	73.8
			流動負債（日）	108.0	87.9	99.9	89.7	140.1	99.4
			買入債務（日）	38.5	25.1	28.4	19.1	13.9	6.0
			買入債務(支払基準)（日）	64.5	54.0	54.2	52.9	34.8	26.5
			固定負債（日）	91.6	104.5	134.0	185.8	139.4	72.7
			自己資本（日）	82.7	75.5	97.0	64.3	116.0	91.4
	売上高利益率	売上高営業利益率（％）		3.1	1.7	3.1	1.7	2.9	1.6
		売上高経常利益率（％）		3.4	2.2	5.5	3.6	3.8	2.1
		対売上高比率	売上総利益率（％）	27.0	37.9	27.8	37.4	32.7	36.9
			材料費（％）	11.5	10.3	22.3	17.8	9.4	14.0
			労務費（％）	8.8	11.3	8.2	12.6	15.0	25.3
			外注加工費（％）	11.0	10.4	4.2	4.7	11.2	5.5
			経費（％）	5.3	5.0	13.2	15.1	12.6	16.4
			販売費・一般管理費（％）	23.8	36.2	24.8	35.7	29.8	35.3
			販管人件費（％）	13.1	21.5	11.1	18.7	15.6	22.2
		営業外収益（％）		1.6	1.9	4.3	3.4	2.7	1.4
		営業外費用（％）		1.4	1.3	1.9	1.4	1.8	0.9
			支払利息割引料（％）	0.9	0.9	1.1	1.0	1.4	0.7

15業種別黒字企業の平均収益性分析数値は、図表73のとおりです。

なお、図表73中に表示されている中位Ｇというのは、中位グループのことです。

中位グループは、黒字企業の全データを大きさ順に並べ、中央に位置する10％の企業のことです。平均の中の平均と考えてよいでしょう。

業種				漁業 （Ｃ　大分類）		鉱業 （Ｄ　大分類）		建設業 （Ｅ　大分類）	
対象企業数				116件		263件		22,220件	
分析比率名				黒字平均	黒字中位Ｇ	黒字平均	黒字中位Ｇ	黒字平均	黒字中位Ｇ
平均従事員数・中位Ｇ従事員数				15.2名	12.7名	14.6名	10.9名	12.6名	9.6名
収益性	総合	総資本営業利益率（％）		0.6	－1.8	4.0	2.3	3.1	1.8
		総資本経常利益率（％）		0.5	3.1	4.1	1.9	3.5	2.3
		自己資本利益率（税引前）（％）		10.3	9.9	12.4	6.2	11.4	7.6
	資本回転率	総資本回転率（回）		0.7	1.0	0.8	0.8	1.4	1.5
		回転期間	総資本（日）	545.1	381.7	463.9	459.3	267.8	241.2
			流動資産（日）	258.0	213.5	251.6	225.7	178.5	154.4
			現金・預金（日）	116.5	85.0	79.7	71.9	58.4	51.1
			売上債権（日）	25.2	4.9	98.0	81.0	57.4	57.0
			棚卸資産（日）	72.6	106.3	34.0	35.2	41.7	30.1
			その他流動資産（日）	43.7	17.2	39.9	37.5	21.0	16.2
			固定・繰延資産（日）	287.1	168.2	212.3	233.6	89.3	86.8
			有形固定資産（日）	220.1	133.3	172.1	191.7	68.8	66.1
			流動負債（日）	272.3	176.4	185.4	190.7	126.1	97.8
			買入債務（日）	51.0	24.5	54.3	50.0	41.8	29.3
			買入債務(支払基準)（日）	151.2	73.5	145.8	150.0	66.3	54.2
			固定負債（日）	169.2	89.5	130.3	150.5	63.2	72.1
			自己資本（日）	102.8	115.8	145.0	118.1	78.5	71.3
	売上高利益率	売上高営業利益率（％）		0.9	－1.8	5.0	2.9	2.3	1.2
		売上高経常利益率（％）		0.7	3.3	5.2	2.4	2.6	1.5
		対売上高比率	売上総利益率（％）	18.7	25.0	30.8	32.4	17.7	22.3
			材料費（％）	21.4	15.1	6.4	14.7	18.5	20.3
			労務費（％）	18.7	27.2	10.0	10.7	13.0	18.0
			外注加工費（％）	0.7	0.1	9.7	6.8	41.0	31.1
			経費（％）	29.3	20.6	24.1	24.9	7.0	7.0
			販売費・一般管理費（％）	17.7	26.8	25.7	29.5	15.4	21.0
			販管人件費（％）	8.9	12.1	11.1	12.2	9.3	12.7
			営業外収益（％）	3.3	6.4	2.8	2.3	1.4	1.5
			営業外費用（％）	3.5	1.3	2.6	2.7	1.1	1.2
			支払利息割引料（％）	2.3	1.2	1.5	2.1	0.8	0.8

業　　種				製　造　業 （F　大分類）		電気・ガス・熱供給・ 水道業（G　大分類）		運輸・通信業 （H　大分類）	
対　象　企　業　数				17,361件		197件		4,017件	
分　析　比　率　名				黒字平均	黒字中位G	黒字平均	黒字中位G	黒字平均	黒字中位G
平均従事員数・中位G従事員数				24.5名	15.2名	13.0名	7.9名	29.8名	20.2名
収益性	総合	総資本営業利益率（％）		4.3	2.7	4.6	1.9	3.1	1.5
		総資本経常利益率（％）		4.4	2.8	4.6	3.6	3.7	2.6
		自己資本利益率（税引前）（％）		12.8	8.4	14.1	12.1	13.8	10.4
	資本回転率	総資本回転率（回）		1.1	1.1	1.1	1.4	1.3	1.5
		回転期間	総　　資　　本（日）	339.6	335.8	322.8	258.6	272.8	236.5
			流　動　資　産（日）	186.2	176.9	136.7	120.9	120.4	112.7
			現　金・預　金（日）	59.5	60.9	57.8	51.8	46.3	40.8
			売　上　債　権（日）	83.1	77.5	47.5	51.2	53.7	52.1
			棚　卸　資　産（日）	29.3	25.6	12.8	8.5	1.6	2.0
			その他流動資産（日）	14.3	12.9	18.7	9.4	18.8	17.9
			固定・繰延資産（日）	153.4	158.9	186.1	137.8	152.4	123.8
			有形固定資産（日）	121.0	129.1	133.8	114.6	124.0	97.6
			流　動　負　債（日）	128.4	106.8	92.5	77.5	93.5	87.5
			買　入　債　務（日）	46.2	28.8	30.3	28.2	22.2	19.3
			買入債務(支払基準)（日）	85.3	68.9	55.6	56.0	77.4	88.7
			固　定　負　債（日）	102.2	124.0	125.5	89.8	107.9	94.4
			自　己　資　本（日）	108.2	104.5	103.5	88.3	71.0	54.6
	売上高利益率	売上高営業利益率（％）		4.0	2.4	4.1	1.3	2.3	1.0
		売上高経常利益率（％）		4.1	2.6	4.1	2.5	2.8	1.7
		対売上高比率	売上総利益率（％）	21.6	27.3	36.0	42.1	25.4	34.5
			材　料　費（％）	31.5	22.8	6.7	5.7	4.9	4.4
			労　務　費（％）	15.7	22.2	5.8	5.6	24.5	26.3
			外注加工費（％）	11.8	12.7	8.4	9.0	9.6	7.2
			経　　費（％）	10.2	10.6	3.5	3.3	21.5	17.9
			販売費・一般管理費（％）	17.6	24.9	31.9	40.7	23.0	33.5
			販管人件費（％）	9.4	14.7	16.4	23.9	12.5	18.3
		営業外収益（％）		1.7	1.9	1.6	2.7	1.9	2.0
		営業外費用（％）		1.6	1.8	1.6	1.5	1.5	1.3
			支払利息割引料（％）	1.0	1.2	1.0	0.6	0.9	0.9

業　　　　種				卸　売　業 （ⅠⅠ大分類）		小　売　業 （Ⅰ2大分類）		飲　食　店 （Ⅰ3大分類）	
対　象　企　業　数				13,364件		15,894件		3,095件	
分　析　比　率　名				黒字平均	黒字中位G	黒字平均	黒字中位G	黒字平均	黒字中位G
平均従事員数・中位G従事員数				13.1名	8.2名	14.3名	8.8名	22.6名	10.5名
収益性	総合		総資本営業利益率（％）	3.4	2.1	3.0	1.0	3.7	2.1
			総資本経常利益率（％）	3.7	2.1	4.0	2.5	4.5	2.8
			自己資本利益率（税引前）（％）	13.3	8.2	14.8	9.2	17.3	13.8
	資本回転率		総資本回転率（回）	1.8	1.8	1.9	1.9	1.5	1.5
		回転期間	総　資　本（日）	207.9	203.5	189.6	192.8	245.1	243.5
			流　動　資　産（日）	139.5	139.3	97.3	107.8	64.1	54.6
			現金・預金（日）	37.5	39.8	34.3	36.0	39.3	36.8
			売上債権（日）	69.5	65.0	25.5	29.5	8.3	5.2
			棚卸資産（日）	21.7	26.6	27.3	32.0	4.0	4.0
			その他流動資産（日）	10.8	7.9	10.2	10.4	12.4	8.7
			固定・繰延資産（日）	68.4	64.2	92.4	85.0	181.1	188.9
			有形固定資産（日）	48.7	46.3	68.4	63.2	137.4	149.2
			流　動　負　債（日）	105.7	94.8	73.5	66.3	59.2	56.2
			買入債務（日）	56.9	51.2	31.0	29.5	12.1	8.6
			買入債務(支払基準)（日）	71.2	68.1	44.7	45.6	34.5	24.4
			固　定　負　債（日）	46.2	57.2	64.3	75.0	123.8	135.7
			自　己　資　本（日）	55.7	51.5	51.7	51.5	61.7	51.7
売上性	売上高利益率		売上高営業利益率（％）	1.9	1.2	1.6	0.5	2.5	1.4
			売上高経常利益率（％）	2.1	1.2	2.1	1.3	3.0	1.9
		対売上高比率	売上総利益率（％）	19.3	24.1	29.9	34.2	61.8	63.5
			材　料　費（％）	2.0	1.7	1.3	1.1	4.1	2.9
			労　務　費（％）	0.5	0.6	0.6	0.7	2.3	1.2
			外注加工費（％）	0.7	1.1	0.5	0.3	0.1	0.1
			経　　　費（％）	0.7	0.5	0.5	0.3	0.9	0.3
			販売費・一般管理費（％）	17.4	22.9	28.3	33.7	59.3	62.2
			販管人件費（％）	9.9	13.6	15.1	19.6	33.5	36.8
			営業外収益（％）	1.2	1.0	1.5	1.6	1.8	1.7
			営業外費用（％）	1.0	1.0	0.9	0.9	1.3	1.2
			支払利息割引料（％）	0.5	0.6	0.6	0.6	0.9	0.9

①「収益性の分析数値」

業　　種	金融・保険業 （J　大分類）		不動産業 （K　大分類）		サービス業 （L　大分類）	
対象企業数	715件		7,197件		25,912件	
分析比率名	黒字平均	黒字中位G	黒字平均	黒字中位G	黒字平均	黒字中位G
平均従事員数・中位G従事員数	5.7名	4.4名	4.1名	3.1名	20.0名	10.8名
収益性／総合　総資本営業利益率（％）	5.2	4.4	3.7	2.6	6.2	3.5
総資本経常利益率（％）	4.4	4.2	3.0	2.1	6.5	4.4
自己資本利益率（税引前）（％）	14.4	15.4	13.0	8.7	18.0	13.4
資本回転率　総資本回転率（回）	0.3	1.0	0.4	0.2	1.2	1.3
回転期間　総資本（日）	1,047.0	379.6	915.2	1,505.7	301.8	284.7
流動資産（日）	755.0	217.4	288.1	294.8	123.9	128.9
現金・預金（日）	176.7	78.2	105.5	179.8	58.6	58.4
売上債権（日）	328.9	92.1	13.9	6.4	38.8	42.7
棚卸資産（日）	13.1	12.0	113.6	22.1	6.2	7.6
その他流動資産（日）	236.2	35.1	55.1	86.6	20.3	20.1
固定・繰延資産（日）	292.0	162.2	627.1	1,210.9	178.0	155.8
有形固定資産（日）	159.3	87.4	541.7	1,072.9	143.0	116.6
流動負債（日）	408.0	132.3	217.9	223.5	75.9	72.3
買入債務（日）	14.8	2.1	10.7	2.3	16.0	12.9
買入債務(支払基準)（日）	57.3	44.5	22.6	44.6	38.9	54.8
固定負債（日）	333.8	144.9	491.9	885.6	124.2	120.4
自己資本（日）	304.2	102.5	201.4	360.7	100.9	91.5
売上高利益率　売上高営業利益率（％）	15.1	4.6	9.2	10.8	5.1	2.7
売上高経常利益率（％）	12.5	4.4	7.5	8.6	5.4	3.5
対売上高比率　売上総利益率（％）	73.2	96.4	51.1	94.1	43.2	65.1
材料費（％）	1.0	—	3.9	0.2	5.1	5.0
労務費（％）	0.5	—	0.5	0.1	11.9	8.7
外注加工費（％）	0.6	0.3	4.6	0.3	4.5	3.8
経費（％）	0.5	—	2.5	0.8	4.2	2.9
販売費・一般管理費（％）	58.1	91.8	41.8	83.3	38.1	62.4
販管人件費（％）	29.2	58.2	15.7	31.5	21.6	39.2
営業外収益（％）	4.3	2.3	2.6	3.2	1.9	2.1
営業外費用（％）	6.9	2.5	4.3	5.3	1.6	1.3
支払利息割引料（％）	3.5	1.3	3.5	4.8	1.0	0.9

業　　　　種	分類不能の産業 （N 大分類）		あなたの会社	あなたの会社
対 象 企 業 数	1,417件			
分 析 比 率 名	黒字平均	黒字中位G		
平均従事員数・中位G従事員数	16.5名	8.1名	名	名
収益性 / 総合 / 総資本営業利益率（％）	2.9	3.4		
総資本経常利益率（％）	3.0	3.8		
自己資本利益率（税引前）（％）	15.5	12.7		
資本回転率 / 総資本回転率（回）	0.8	1.5		
回転期間 / 総　資　本（日）	483.6	246.0		
流 動 資 産（日）	301.9	125.9		
現金・預金（日）	70.0	52.9		
売上債権（日）	75.5	43.0		
棚卸資産（日）	124.4	11.2		
その他流動資産（日）	32.1	18.9		
固定・繰延資産（日）	181.6	120.1		
有形固定資産（日）	143.3	87.5		
流動負債（日）	260.0	65.6		
買入債務（日）	79.5	19.6		
買入債務(支払基準)（日）	134.3	45.4		
固定負債（日）	121.7	112.9		
自己資本（日）	101.7	67.5		
売上高利益率 / 売上高営業利益率（％）	3.9	2.3		
売上高経常利益率（％）	4.0	2.5		
対売上高比率 / 売上総利益率（％）	31.6	47.8		
材　料　費（％）	7.5	5.2		
労　務　費（％）	5.6	7.2		
外注加工費（％）	7.9	7.7		
経　　費（％）	3.4	2.6		
販売費・一般管理費（％）	27.7	45.5		
販管人件費（％）	14.1	24.4		
営業外収益（％）	1.5	1.6		
営業外費用（％）	1.4	1.3		
支払利息割引料（％）	0.9	0.8		

①「収益性の分析数値」

2 「生産性・安全性・債務償還能力・成長性・損益分岐点分析の分析数値」

【図表74　業種別黒字企業の平均生産性・安全性・債務償還能力・損益分岐点分析の分析数値】

業　　　　種		全　業　種		農　業 （A　大分類）		林　業 （B　大分類）	
対象企業数		112,483件		619件		96件	
分析比率名		黒字平均	黒字中位G	黒字平均	黒字中位G	黒字平均	黒字中位G
平均従事員数・中位G従事員数		16.8名	10.6名	10.8名	7.6名	11.3名	9.1名
生産性	1人当り売上高（月）（千）	1,675	1,041	1,664	1,027	1,071	810
	加工高（粗利益）比率（％）	40.5	53.7	48.2	63.8	59.5	76.5
	1人当り加工高（粗利益）（月）（千）	679	559	802	655	637	620
	1人当り人件費（月）（千）	367	342	324	324	328	382
	労働分配率（限界利益）（％）	54.0	61.2	40.3	49.3	51.6	61.6
	1人当り総資本（千）	15,576	9,181	18,174	11,470	14,180	7,046
	1人当り有形固定資産（千）	5,654	3,457	7,553	4,915	5,881	1,966
	加工高設備生産性（％）	144.1	194.1	127.5	160.1	130.1	378.4
	1人当り経常利益（月）（千）	56	23	91	37	40	17
安全性	流動比率（％）	140.6	159.9	174.1	198.2	148.7	166.5
	当座比率（％）	102.3	116.3	83.1	93.4	86.2	102.3
	預金対借入金比率（％）	41.0	39.2	37.7	37.0	36.6	68.2
	借入金対月商倍率（月）	4.0	4.1	4.6	4.3	6.4	3.1
	固定比率（％）	158.3	169.1	163.1	252.1	167.4	108.2
	固定長期適合率（％）	74.9	70.8	68.1	64.8	74.0	60.0
	自己資本比率（％）	29.2	28.2	29.2	18.9	28.8	34.6
	経常収支比率（％）	105.2	104.5	108.9	107.8	103.9	107.7
	実質金利率（％）	2.9	2.9	3.3	3.0	2.9	3.5
債務償還能力	ギアリング比率（％）	139.2	158.0	143.9	205.5	165.6	104.3
	自己資本額（千）	76,566	27,274	57,411	16,459	46,259	22,272
	債務償還年数（年）	6.1	8.0	5.1	4.7	8.5	4.5
	インタレスト・カバレッジ・レシオ（倍）	3.8	2.0	2.9	1.7	2.2	2.4
	償却前営業利益（千）	17,529	5,391	16,306	7,250	9,034	5,134
成長性	対前年売上高比率（％）	102.7	102.4	102.6	101.7	101.7	115.9
	経常利益増加額（千）	1,649	907	2,304	1,535	1,956	309
損益分岐点分析	損益分岐点売上高（月）（千）	25,830	10,538	15,969	7,349	11,354	7,203
	経営安全率（％）	8.3	4.1	11.3	5.7	6.4	2.8
	限界利益率（％）	40.6	53.7	48.3	64.1	59.4	76.5
	平均固定費（月）（千）	10,480	5,655	7,707	4,707	6,746	5,509
	固定費増加率（％）	102.1	101.9	99.4	101.9	100.2	105.5

業種別黒字企業の平均生産性・安全性・債務償還能力・成長性・損益分岐点分析数値は、図表74のとおりです。
　なお、図表74中に表示されている中位Gというのは、中位グループのことです。
　中位グループは、黒字企業の全データを大きさ順に並べ、中央に位置する10％の企業のことです。平均の中の平均と考えてよいでしょう。

	業　　　　種	漁　業 （C　大分類）		鉱　業 （D　大分類）		建　設　業 （E　大分類）	
	対　象　企　業　数	116件		263件		22,220件	
	分　析　比　率　名	黒字平均	黒字中位G	黒字平均	黒字中位G	黒字平均	黒字中位G
	平均従事員数・中位G従事員数	15.2名	12.7名	14.6名	10.9名	12.6名	9.6名
生産性	1人当り売上高（月）（千円）	1,669	854	2,203	1,907	1,941	1,257
	加工高（粗利益）比率（％）	64.8	69.7	62.7	67.0	37.2	46.5
	1人当り加工高（粗利益）（月）（千円）	1,082	596	1,380	1,278	721	584
	1人当り人件費（月）（千円）	472	384	467	440	431	386
	労働分配率（限界利益）（％）	43.6	64.5	33.9	34.3	59.8	66.0
	1人当り総資本（千円）	29,915	10,722	33,607	28,801	17,090	9,969
	1人当り有形固定資産（千円）	12,076	3,744	12,469	12,020	4,388	2,732
	加工高設備生産性（％）	107.5	191.0	132.9	127.7	197.3	256.7
	1人当り経常利益（月）（千円）	12	28	115	46	49	19
安全性	流　動　比　率（％）	94.8	121.0	135.7	118.3	141.6	157.9
	当　座　比　率（％）	52.9	51.3	97.6	80.3	93.8	111.5
	預金対借入金比率（％）	35.6	41.8	41.6	31.1	57.9	48.9
	借入金対月商倍率（月）	10.7	6.6	6.2	7.5	3.2	3.3
	固　定　比　率（％）	279.4	145.2	146.5	197.8	113.8	121.8
	固定長期適合率（％）	105.2	81.9	76.2	87.0	63.0	60.5
	自己資本比率（％）	18.8	30.3	31.2	25.7	29.3	29.5
	経常収支比率（％）	108.6	101.5	110.5	105.5	103.1	102.9
	実質金利率（％）	3.0	2.7	3.4	3.8	3.4	3.4
債務償還能力	ギアリング比率（％）	316.8	173.0	114.0	177.1	118.5	132.6
	自己資本額（千円）	85,698	41,411	153,762	80,466	63,062	28,390
	債務償還年数（年）	9.6	10.1	4.1	6.5	6.9	8.6
	インタレスト・カバレッジ・レシオ（倍）	0.5	―	3.4	1.4	3.1	1.6
	償却前営業利益（千円）	28,328	7,099	42,550	21,909	10,775	4,396
成長性	対前年売上高比率（％）	103.0	86.0	103.2	97.4	100.8	99.5
	経常利益増加額（千円）	−4,144	−5,071	4,698	1,183	777	467
損益分岐点分析	損益分岐点売上高（月）（千円）	25,080	10,364	29,568	19,973	22,762	11,718
	経営安全率（％）	1.1	4.7	8.4	3.6	6.9	3.3
	限界利益率（％）	65.0	69.8	62.6	67.2	37.2	46.5
	平均固定費（月）（千円）	16,295	7,234	18,517	13,426	8,464	5,449
	固定費増加率（％）	101.1	88.0	98.3	101.8	99.2	98.8

②「生産性・安全性・債務償還能力・成長性・損益分岐点分析の分析数値」

業　　種	製　造　業 （F　大分類）		電気・ガス・熱供給 水道業（G　大分類）		運輸・通信業 （H　大分類）	
対象企業数	17,361件		197件		4,017件	
分析比率名	黒字平均	黒字中位G	黒字平均	黒字中位G	黒字平均	黒字中位G
平均従事員数・中位G従事員数	24.5名	15.2名	13.0名	7.9名	29.8名	20.2名
生産性　1人当り売上高（月）(千)	1,471	935	1,976	1,406	1,034	751
加工高（粗利益）比率（％）	46.1	58.3	45.0	50.7	70.6	78.0
1人当り加工高(粗利益)（月）(千)	678	545	889	712	730	586
1人当り人件費（月）(千)	371	344	439	412	382	335
労働分配率（限界利益）（％）	54.7	63.3	49.4	57.9	52.3	57.2
1人当り総資本（千)	16,430	10,331	20,972	11,955	9,278	5,846
1人当り有形固定資産（千)	5,853	3,973	8,694	5,298	4,216	2,411
加工高設備生産性（％）	139.0	164.7	122.7	161.4	207.9	291.8
1人当り経常利益（月）(千)	59	24	80	35	28	12
安全性　流動比率（％）	145.1	165.6	147.9	155.9	128.8	128.9
当座比率（％）	113.5	131.1	122.5	133.2	109.3	106.8
預金対借入金比率（％）	39.4	36.7	44.9	48.2	35.6	35.2
借入金対月商倍率（月）	4.9	5.3	4.1	3.4	4.2	3.7
固定比率（％）	141.8	152.0	179.7	156.1	214.8	226.6
固定長期適合率（％）	72.6	69.4	80.8	76.1	85.0	83.0
自己資本比率（％）	31.9	31.1	32.1	34.1	26.0	23.1
経営収支比率（％）	106.9	106.5	107.7	103.8	106.8	106.1
実質金利率（％）	2.9	3.1	3.2	2.4	2.9	3.1
債務償還能力　ギアリング比率（％）	122.6	138.6	120.5	114.8	169.9	193.7
自己資本額（千)	128,410	48,962	87,717	32,261	71,825	27,217
債務償還年数（年）	5.3	6.9	4.6	7.0	5.3	5.2
インタレスト・カバレッジ・レシオ（倍）	4.0	2.1	4.4	2.3	2.7	1.2
償却前営業利益（千)	29,484	9,774	22,828	5,289	23,124	10,177
成長性　対前年売上高比率（％）	103.0	102.2	109.1	103.9	105.0	105.9
経常利益増加額（千)	2,016	1,191	1,940	163	1,459	1,271
損益分岐点分析　損益分岐点売上高（月）(千)	32,921	13,608	23,447	10,565	29,581	14,830
経営安全率（％）	8.8	4.5	9.0	5.0	3.9	2.2
限界利益率（％）	46.1	58.3	45.0	50.7	70.6	78.0
平均固定費（月）(千)	15,168	7,928	10,549	5,356	20,894	11,567
固定費増加率（％）	102.0	101.7	103.4	102.6	103.4	104.4

業　種	卸　売　業 （１１大分類）		小　売　業 （１２大分類）		飲　食　店 （１３大分類）	
対　象　企　業　数	13,364件		15,894件		3,095件	
分　析　比　率　名	黒字平均	黒字中位G	黒字平均	黒字中位G	黒字平均	黒字中位G
平均従事員数・中位Ｇ従事員数	13.1名	8.2名	14.3名	8.8名	22.6名	10.5名
生産性　1人当り売上高（月）(千）	3,981	2,784	1,917	1,393	634	620
加工高（粗利益）比率（％）	20.3	25.1	31.0	35.1	64.8	64.9
1人当り加工高(粗利益)（月）(千）	809	699	593	489	411	403
1人当り人件費（月）(千）	411	395	301	282	226	235
労働分配率（限界利益）（％）	50.6	56.5	50.9	57.7	55.2	58.5
1人当り総資本（千）	27,207	18,631	11,955	8,830	5,112	4,970
1人当り有形固定資産（千）	6,372	4,236	4,314	2,892	2,866	3,044
加工高設備生産性（％）	152.5	198.1	165.1	203.2	172.1	158.9
1人当り経常利益（月）(千）	83	32	40	18	19	11
安全性　流　動　比　率（％）	131.9	146.9	132.4	162.6	108.2	97.2
当　座　比　率（％）	103.3	111.6	83.0	100.6	82.3	75.4
預金対借入金比率（％）	45.9	45.7	38.5	39.9	27.7	25.6
借入金対月商倍率（月）	2.6	2.8	2.7	2.7	4.3	4.3
固　定　比　率（％）	122.7	124.8	178.7	165.1	293.4	365.7
固定長期適合率（％）	66.9	59.1	79.5	67.2	97.4	100.9
自己資本比率（％）	26.8	25.3	27.3	26.7	25.2	21.2
経常収支比率（％）	102.6	102.1	103.2	102.6	106.3	105.7
実質金利率（％）	2.7	3.1	2.7	2.6	2.7	2.6
債務償還能力　ギアリング比率（％）	127.1	148.0	159.7	160.0	214.1	251.5
自己資本額（千）	95,662	38,734	46,608	20,756	29,134	11,079
債務償還年数（年）	7.2	10.1	8.3	12.0	7.0	7.9
インタレスト・カバレッジ・レシオ（倍）	3.8	2.0	2.8	1.1	2.7	1.6
償却前営業利益（千）	16,809	5,689	8,964	2,758	8,899	3,527
成長性　対前年売上高比率（％）	102.0	101.1	103.3	101.1	104.7	100.0
経常利益増加額（千）	1,395	510	1,280	568	1,288	705
損益分岐点分析　損益分岐点売上高（月）(千）	46,842	21,819	25,569	11,814	13,693	6,334
経営安全率（％）	10.3	4.7	6.7	3.7	4.6	2.9
限界利益率（％）	20.4	25.1	31.0	35.1	64.8	64.9
平均固定費（月）(千）	9,570	5,477	7,914	4,152	8,871	4,114
固定費増加率（％）	102.4	101.3	102.5	101.1	103.9	99.0

②「生産性・安全性・債務償還能力・成長性・損益分岐点分析の分析数値」

業　　　種	金融・保険業 (J　大分類)		不　動　産　業 (K　大分類)		サービス業 (L　大分類)	
対　象　企　業　数	715件		7,197件		25,912件	
分　析　比　率　名	黒字平均	黒字中位G	黒字平均	黒字中位G	黒字平均	黒字中位G
平均従事員数・中位G従事員数	5.7名	4.4名	4.1名	3.1名	20.0名	10.8名
生産性 1人当り売上高（月）（千円）	1,499	595	2,241	928	1,074	747
加工高（粗利益）比率（％）	74.2	96.4	54.0	94.9	59.1	76.5
1人当り加工高（粗利益）（月）（千円）	1,112	574	1,211	881	634	571
1人当り人件費（月）（千円）	445	346	362	293	360	358
労働分配率（限界利益）（％）	40.1	60.4	30.0	33.3	56.8	62.7
1人当り総資本（千円）	51,600	7,437	67,431	45,979	10,657	6,992
1人当り有形固定資産（千円）	7,851	1,712	39,914	32,762	5,049	2,864
加工高設備生産性（％）	170.1	402.5	36.4	32.3	150.7	239.4
1人当り経常利益（月）（千円）	187	26	169	80	57	25
安全性 流　動　比　率（％）	185.0	164.4	132.2	131.9	163.1	178.3
当　座　比　率（％）	134.9	128.9	58.3	87.7	131.6	141.4
預金対借入金比率（％）	32.8	42.3	20.6	23.6	41.8	42.4
借入金対月商倍率（月）	16.5	5.8	16.5	24.6	4.5	4.3
固　定　比　率（％）	96.0	158.3	311.4	335.7	176.4	170.3
固定長期適合率（％）	45.7	65.6	89.9	94.4	78.8	73.4
自己資本比率（％）	29.1	27.0	22.0	24.0	33.4	32.1
経常収支比率（％）	116.5	105.9	113.0	125.1	108.8	106.8
実質金利率（％）	2.9	2.9	2.7	2.5	2.9	2.7
債務償還能力 ギアリング比率（％）	164.8	154.5	249.8	207.1	132.8	142.3
自己資本額（千円）	85,688	8,868	61,546	34,043	71,385	24,252
債務償還年数（年）	8.1	5.7	9.3	8.5	4.5	6.1
インタレスト・カバレッジ・レシオ（倍）	4.4	3.5	2.7	2.3	5.3	3.1
償却前営業利益（千円）	17,514	2,405	16,604	8,285	21,024	5,621
成長性 対前年売上高比率（％）	104.1	108.9	105.8	100.3	103.5	103.9
経常利益増加額（千円）	702	787	1,175	684	2,674	1,003
損益分岐点分析 損益分岐点売上高（月）（千円）	7,126	2,511	7,996	2,609	19,563	7,696
経営安全率（％）	16.8	4.6	14.0	9.1	9.1	4.5
限界利益率（％）	74.2	96.4	53.9	94.9	59.1	76.5
平均固定費（月）（千円）	5,288	2,421	4,312	2,477	11,556	5,889
固定費増加率（％）	101.3	105.2	100.9	99.3	103.4	102.6

	業　　種	分類不能の産業 （N　大分類）		あなたの会社	あなたの会社
	対 象 企 業 数	1,417件			
	分 析 比 率 名	黒字平均	黒字中位G		
	平均従事員数・中位G従事員数	16.5名	8.1名	名	名
生産性	1人当り売上高（月）（千円）	1,565	1,032		
	加工高（粗利益）比率（％）	40.3	57.3		
	1人当り加工高（粗利益）（月）（千円）	631	592		
	1人当り人件費（月）（千円）	309	326		
	労働分配率（限界利益）（％）	47.3	55.1		
	1人当り総資本（千円）	24,881	8,351		
	1人当り有形固定資産（千円）	7,372	2,969		
	加工高設備生産性（％）	102.8	239.3		
	1人当り経常利益（月）（千円）	62	26		
安全性	流　動　比　率（％）	116.1	191.9		
	当　座　比　率（％）	57.6	150.2		
	預金対借入金比率（％）	28.9	44.4		
	借入金対月商倍率（月）	7.8	3.7		
	固　定　比　率（％）	178.6	178.0		
	固定長期適合率（％）	81.2	66.6		
	自己資本比率（％）	21.0	27.4		
	経常収支比率（％）	104.0	105.9		
	実質金利率（％）	1.5	2.8		
債務償還能力	ギアリング比率（％）	226.8	166.0		
	自己資本額（千円）	86,357	18,515		
	債務償還年数（年）	10.6	6.4		
	インタレスト・カバレッジ・レシオ（倍）	4.4	3.0		
	償却前営業利益（千円）	18,496	4,772		
成長性	対前年売上高比率（％）	104.6	107.1		
	経常利益増加額（千円）	2,441	1,473		
損益分岐点分析	損益分岐点売上高（月）（千円）	23,354	7,980		
	経営安全率（％）	9.6	4.4		
	限界利益率（％）	41.8	57.4		
	平均固定費（月）（千円）	9,760	4,578		
	固定費増加率（％）	105.2	106.8		

②「生産性・安全性・債務償還能力・成長性・損益分岐点分析の分析数値」

結びにかえて

　オメガ工業のケースは、筆者にとっても、非常に残念な思いで終わりました。
　結局、社長は自宅まで手放すことになりました。ご自身は、ガンと戦うことが必要なときに大きな痛手を受けて、非常にお気の毒な状態です。
　本書でとりあげたケースを活きた教訓として企業経営に携わる方々が役立てていただくことが、オメガ工業の社長に生きる勇気を与えられるのではないかと期待するばかりです。
　今となっては、オメガ工業を再建することは夢に終わりましたが、再建するための基本的な考え方は、人間の生き方そのものにも通じるものがあります。
　経営分析は、繰り返し述べましたように、それ自体では、何も生まれてきません。経営分析をするのは、現状では、どこに問題があるかを指し示すことが、精一杯のことだからです。
　したがって、現状の問題の原因は何か、それをどのように改善すればよいのかについては、自分の頭で考えてみる以外に手はないのです。
　その役割を誰がするのかということですが、それを行うのは、やはり社長でなければなりません。幹部や社員も重要ですが、それは、あくまで補助者として意見を述べ、社長の方針を実行することに重要性があるのです。
　コンサルタントを重視する人もいますが、コンサルタントは意見を述べるだけで、それを取り入れるかどうかは社長の判断次第です。そして、実行する段になると、あとは社長の一人舞台です。
　その社長を支えるのは、幹部であり、社員なのですから、社長を中心として、社員全員が一丸となって前進することが肝要です。
　とはいえ、そのときに最大の力を発揮するのが、社長のココロです。
　現実をみると弱気になったり、怯んだりすることもあるでしょう。しかし、それでも、常に"先には明るいものがある"と信じて前進することが大切です。
　社長が、そのようなココロになったとき、必ず、幹部や社員もついてきてくれます。そうなれば、必ず道は開けてきます。人間には、必ず、明るい未来があります。しっかりと現実を見据える勇気と、前向きのココロさえあれば、怖いものは何もないのです。
　最後に、会社の情報公開をお許しいただいたオメガ工業の社長に心より感謝を込めて御礼申します。

著者紹介

山下　勝弘（やました　まさひろ）
昭和31年生まれ。大阪府出身。関西学院大学経済学部卒業後、会計事務所及び監査法人勤務。昭和60年に公認会計士第3次試験に合格。公認会計士を開業して現在に至る。父が経営する山下鑑定会計事務所の副所長。
顧問先とのコミュニケーションを密にした会計コンサルティング、M＆Aや会社倒産に関する企業調査、会社再建のためのコンサルティングなどを数多く手掛けている。
著書に「Q＆A　実践M＆Aの実務と対策」「TAX＆LAW営業譲渡・会社分割・株式譲渡・合併・更生再生清算」（ともに共著、第一法規出版）「経理・財務実務全書」（共著、日本実業出版社）などがある。

［社長!!］ **会社の数字が読めなけりゃおしまいや!**

2003年2月3日　初版発行

著　者　山下　勝弘　Ⓒ Masahiro. Yamashita
発行人　森　忠順
発行所　株式会社セルバ出版
　　　　〒113-0034
　　　　東京都文京区湯島1丁目12番6号 高関ビル3A
　　　　TEL 03 (5812) 1178　FAX 03 (5812) 1188
発　売　株式会社創英社/三省堂書店
　　　　〒101-0051
　　　　東京都千代田区神田神保町1丁目1番地
　　　　TEL 03 (3291) 2295　FAX 03 (3292) 7687

印刷・製本所　株式会社平河工業社

●乱丁・落丁の場合はお取り替えいたします。著作権法により無断転載、複製は禁止されています。
●本書の内容に関する質問はFAXでお願いします。

Printed in JAPAN
ISBN4-901380-15-X

既刊案内

定価額の変更の場合はご了承ください。
下記の価格は税抜金額です。

◆わかりやすくてためになると好評！
"いまさら人に聞けない" シリーズ

いまさら人に聞けない
「契約・契約書」の実務
森井英雄 著　A5判/104頁/定価1200円（税別）

いまさら人に聞くのもどうかと思われる基礎的なことから、よく誤解される問題を詳説。

いまさら人に聞けない
「債権回収」の実務
森井英雄 著　A5判/152頁/定価1400円（税別）

取引先がいざのとき、いかにして債権回収するか、効果的な作戦・回収策を実践的に解説。

いまさら人に聞けない
「担保・保証」の実務
森井英雄 著　A5判/176頁/定価1500円（税別）

債権回収の効率化からみると、担保に勝るものはない。担保の意味から使い方まで実践的にわかりやすく解説。

いまさら人に聞けない
「与信管理」の実務
井端和男 著　A5判/152頁/定価1400円（税別）

与信管理担当者などの悩みに答えるために、与信管理の基礎知識や管理業務のコツなどをわかりやすく解説。

いまさら人に聞けない
「建設営業」の実務
長門　昇 著　A5判/200頁/定価1600円（税別）

21世紀の建設営業のあり方、そのための必須の知識を、経営者・各部責任者・営業担当者向きに解説。

粉飾決算を見抜くコツ
井端和男 著　A5判/240頁/定価1900円（税別）

高度化し進化する粉飾決算のパターン・見抜くノウハウを最新ケースをもとに解説。

社長!!
儲かる会社に変えなけりゃおしまいや！
森　和夫 著　A5判/192頁/定価1600円（税別）

価格破壊・系列破壊・制度破壊・コスト破壊に勝ち、第二創業＆経営革新で勝ち組になる方策。

販売を楽しくおもしろくする セールス活動のコツ
島崎淺夫 著　A5判/240頁/定価1600円（税別）

販売の展開・面白さと楽しみ方などを事例や他人に聞けないノウハウを織り込んでわかりやすく解説。

聞きたいことがスラスラわかる
経理の本
陣川公平 著　A5判/224頁/定価1500円（税別）

わからない・知りたい・聞きたい・とっつきにくい経理のことを部門別に110のQ&Aでみるみる疑問が解ける。

大倒産時代の危機管理
潰れる会社を見破る法
石倉　潔 著　A5判/200頁/定価1500円（税別）

倒産の兆候はこんなことから。企業調査歴30年のプロが教える危ない会社・危険なワナを見抜くポイント。会社を守る法教えます。

経営革新できる事典
第一勧銀総合研究所 編著　A5判/384頁/定価2800円（税別）

どういう戦略を構築し、どんな手法を取り入れ、どうやって実施したらよいか、中小企業の経営革新・事業再編の実務指針を150項目でズバリ示す！

史上最高の経営者モーセに学ぶ
リーダーシップ
デービィッド・バロン 著／熊野実夫 訳　A5判/344頁/定価2800円（税別）

モーセの知恵は、何千年も経った現在、物事を見抜く眼とリーダーシップの技術を教示する。

発行　セルバ出版
〒113-0034　東京都文京区湯島1-12-6　高関ビル3A
TEL 03-5812-1178　FAX 03-5812-1188

発売　創英社／三省堂書店
〒101-0051　東京都千代田区神田神保町1-1
TEL 03-3291-2295　FAX 03-3292-7687